Für Steffi

Udo Schroeter
Leben ist hier. Und es ist jetzt. Auf dem Weg
zu dir selbst ist dein Herz der beste Kompass.
Endlich wieder am Meer.
adeo

„Ich glaube, Mister Maury angelt“, meinte Bob,
„weil er das Verlangen hat, sein Leben ganz zu machen.
Das Fliegenwerfen ist seine Kunst, sein Handwerk, sein Mittel,
sein Ziel, seine Arbeit, sein Spiel.
In seiner Welt gibt es keine künstlichen Grenzen.
Er gleicht den Regenpfeifern, die an der Küste Nahrung suchen.
Sie stochern, ruhen, waten, fliegen; sie brauchen keinen Urlaub,
um sich zu regenerieren. Ihr Leben besteht aus einem einzigen Stück,
und darum sind sie die ganze Zeit über voll lebendig.“

Aus: „Am Strand von Miramar“ von Richard Bode [1]

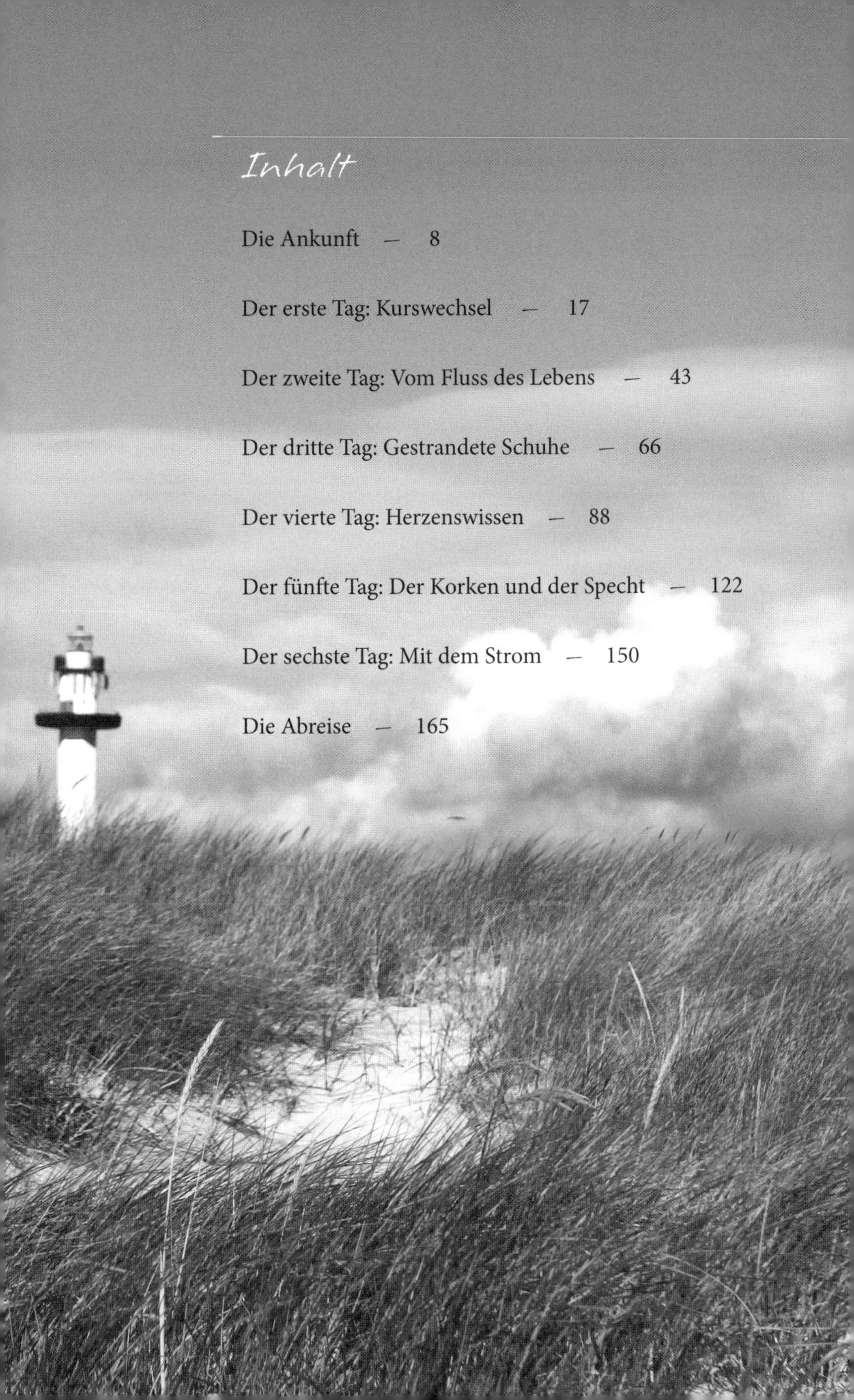

Inhalt

Die Ankunft

Das Leben ist eine innere und eine äußere Reise.

„D*as Leben ist eine innere und eine äußere Reise!*“ Dieser Satz von Leif hatte mich nicht mehr losgelassen, seit wir im letzten Winter miteinander telefoniert hatten. Er fesselte mich, er zog mich in seinen Bann, wie einst der kantige rote Kaugummiautomat an der Hauswand des kleinen Kaufmannsladens in unserem Dreihundert-Seelen-Dorf.

Ich wollte diesem Satz seinen Schatz entlocken, seine heilsame Botschaft, wie dem Kaugummi-Automaten seinen Plastik-Goldring mit dem eingedruckten Piratenkopf.

Vielleicht war es die Ahnung, dass in diesem Satz das Tor zur Lösung für die Tage lag, an denen mich dieses unerklärliche Gefühl innerlicher Leere überkam.
Dieses Loch ohne festen Boden.

≈

Vier Jahre waren seit meinem letzten Aufenthalt auf der kleinen Insel vergangen und ich freute mich riesig darauf, den weisen alten Mann endlich wieder in die Arme schließen zu können.

Wie damals hatten wir uns auch diesmal wieder für eine Woche zum Angeln auf der Insel verabredet und Leif hatte mir versprochen, dass wir nicht wieder an den Strand unserer ersten Reise zurückkehren würden.

„Wir werden neue Strände entdecken!“, hatte er bei unserem letzten Telefonat gesagt, und ich wusste, dass er damit nicht nur die tatsächlichen Strände meinte.

Vieles in meinem Leben hatte sich seit meiner letzten Reise zum Positiven verändert und ich hatte auch gelernt, mir selbst wieder viel wertschätzender und liebevoller zu begegnen. Zu dieser

Wertschätzung gehörte es, dass mein Büro nicht länger der Mittelpunkt meines Lebens war, der Punkt, um den sich alles drehte, so schnell, dass ich alles andere fast aus den Augen verlor. Um nicht erneut in das Hamsterrad der Arbeit und der Fremdbestimmung zu geraten, nahm ich mir regelmäßige Auszeiten. Auch die Familie fand sich auf der neuen Landkarte meines Lebens wieder, ich verbrachte viel mehr Zeit als vorher mit meinen Kindern und mit meiner Frau. Aber der gefühlt allergrößte Sieg in den letzten vier Jahren war es, dass ich die Fremdbestimmung durch Handy und Computer endlich wieder in den Griff bekommen hatte. Jeden Werktag ab 17:00 Uhr schaltete ich die Geräte ab und jeden Samstag und Sonntag sowieso.

Aber all das war dieser unerklärlichen inneren Leere, die wie aus dem Nichts auftauchte und so lange blieb, wie sie wollte, meistens herzlich egal.

Ich hatte an der Weichenstellung meiner äußeren Lebensreise einiges geändert und zum Besseren gewendet, aber dass es da noch eine innere Reise gab, war mehr so ein vages Gefühl, und ich war mir nicht sicher, ob ich in meinem Leben überhaupt jemals auf einer inneren Reise unterwegs gewesen war.

Und nun war ich also wieder zurück am Meer. Ich wollte angeln, ich wollte philosophieren und ich wollte ein schwarzes Loch stopfen.

≈

Es war Anfang Mai und der Frühling meinte es gut mit meiner Unternehmung. Bei schönstem Wetter erreichte ich die kleine Insel im Meer und die Fahrt zum Ferienhaus führte mich durch eine aufblühende Landschaft. Jede Blume, jeder Strauch, jeder Baum war Zeugnis eines nicht umzukehrenden Aufbruchs in das Leben.

Ich hatte das gleiche Ferienhaus wie bei meiner letzten Reise gebucht.

Vor ein paar Jahren wäre das noch ein Akt von unvorstellbarer Eintönigkeit für mich gewesen, aber jetzt genoss ich schon bei der Buchung das Gefühl, bald an einen bekannten und kraftvollen Ort zurückzukehren. Die Vorfreude wurde nicht von der Ungewissheit getrübt, ob das Haus meinen Ansprüchen genügen und tatsächlich nur einen Steinwurf vom Meer entfernt liegen würde. Das tat es. Es war eines dieser typisch skandinavischen Ferienhäuser mit einer einladenden Inneneinrichtung und einer praktischen, reduzierten Ausstattung. Es fehlte an nichts und es gab nichts Überflüssiges. Nichts, das Schubladen, Schränke oder Fensterbänke unnötig vollstopfte. Dazu ein Holzofen, eine kleine Sauna und ein fantastischer Blick über die Dünen auf den Strand und das Meer.
Das Leben kann so einfach sein.

≈

„Hast du Lust, morgen früh vor dem Angeln den Sonnenaufgang am Meer zu erleben?", fragte mich Leif, als wir am Abend meiner Ankunft kurz miteinander telefonierten, wohl wissend, dass ich alles andere als ein Frühaufsteher war.

Bisher hatten wir uns nicht ein einziges Mal vor 10:00 Uhr am Vormittag verabredet, und das lag sicher nicht an dem alten Mann. In mir machte sich aber sofort eine widerstandslose Bereitschaft breit, dieser Einladung unbedingt folgen zu wollen.

„Die Einladung nehme ich gerne an!", antwortete ich im Brustton der Überzeugung, dass diese gefühlte Widerstandslosigkeit mich auch rechtzeitig aus dem Bett treiben würde. Und mir gefiel es, dem schelmischen Unterton von Leif ganz überzeugend etwas entgegenzusetzen.

„Der Sonnenaufgang ist um 4:47 Uhr. Um ihn in seiner ganzen wundervollen Schönheit zu erleben, sollten wir um 4:00 Uhr am Wasser sitzen.“ Leif freute sich hörbar, dass ich seine Einladung nicht ausschlug. „Und mit etwas Glück sind auch die ersten Hornhechte schon da!“, fügte er noch fast beiläufig hinzu.

≈

Leif hatte in den Jahren nichts an Vitalität eingebüßt. Er schien ein Leben völlig ohne plötzlich auftauchende schwarze Löcher oder sonstige Widrigkeiten zu führen. Ohne Zweifel war es das Leben am Meer, das diesen Mann so glücklich und so zufrieden machte.

Ich packte meine Sachen aus, besorgte beim kleinen Kaufmann des Ortes zwei Säcke Feuerholz, stellte sie auf der Terrasse des Ferienhauses ab und machte mich anschließend barfuß auf zum Strand, um das Meer zu begrüßen. Der Sandstrand war immer noch genauso schön, wie ich ihn in Erinnerung hatte. Er war sogar noch etwas breiter geworden. Die Winterstürme der letzten zwei Jahre hatten viel Sand von der Südküste mitgenommen und ihn hier vor der Ostküste wieder abgelegt, wie Leif mir später erklärte. Wind und Wellen allein bestimmten, wo wie viel Sand an den Stränden lag. Eine Macht, die Tourismusdirektoren wohl gerne gehabt hätten, denn teure Sandvorspülungen würden dann endlich der Vergangenheit angehören …

Die warme Luft der letzten drei Tage traf auf ein immer noch kühles Meer, und der aufsteigende Dunstschleier hüllte den Horizont in ein warmes, beinahe magisches Abendlicht. Der Wind war fast komplett eingeschlafen und wenn die Macher der Augsburger

Puppenkiste sich irgendwann, irgendwo mal abgeguckt haben, wie man mit einer Plastikfolie eine bleierne Wasseroberfläche nachahmt, müssen sie an so einem Abend das Meer beobachtet haben.

Lummerland war nicht in Sicht, aber ein Fischerboot, das zielsicher auf den Hafen des kleinen Ortes zusteuerte. Das Geräusch des Dieselmotors verschmolz mit dem Möwengeschrei in der Ferne und dem dumpfen Auslaufen der Wellen vor meinen Füßen zu einem wohltuenden Dreiklang.

Ich war zurück am Meer und das allein machte mich schon glücklich.

Der erste Tag:

Kurswechsel

*Wenn du nicht sicher bist, welchen Weg du gehen sollst,
folge der Sehnsucht deines Herzens.* Rini

Um 3:15 Uhr stand Leif mit einem Becher Kaffee in der Hand in der Tür des Sommerhauses. Ich konnte mich kaum zurückentsinnen, wann ich das letzte Mal so früh aufgestanden war.

Vielleicht war es 1971 gewesen. Damals war ich acht Jahre alt und sah mit meinem Vater die Live-Übertragung des Boxkampfes zwischen Muhammad Ali und Joe Frazier aus dem Madison Square Garden in New York im Fernsehen an. Joe Frazier gewann den 15-Runden-Kampf nach Punkten und ich schon in jungen Jahren die Erkenntnis, dass frühes Aufstehen überhaupt nicht so mein Fall ist ...

Mit Erstaunen stellte ich fest, dass auch die ersten Vögel bereits dabei waren, fröhlich pfeifend den Tag zu begrüßen. Vielleicht weckten sie aber auch nur die anderen Vögel und wahrscheinlich auch die, die eigentlich lieber gerne länger geschlafen hätten.

„Wir fahren an die Nordostküste!", sagte Leif. Er verzichtete noch immer darauf, viele Worte zu verlieren, wenn es nicht wichtig erschien.

Wir stiegen in seinen alten Landrover und fuhren Richtung Sonnenaufgang. Vier Jahre lagen zwischen meinen beiden Aufenthalten am Meer und jetzt saßen wir so vertraut nebeneinander, als wäre ich erst gestern aus dem Landrover ausgestiegen. Mir wurde in diesem Augenblick klar, dass es nicht viele Menschen in meinem Leben gab, mit denen mich über so große Entfernung eine so tiefe Nähe verband.

Die Küstenstraße führte direkt am Meer entlang und am Horizont machte sich bereits ein erster zarter Anflug von Tageslicht breit. Das Meer lag still und friedlich da. Je weiter mein Blick zum Horizont schweifte, desto mehr hellte sich die Wasseroberfläche auf. Es waren weit und breit keine Seevögel zu sehen.

Im Gegensatz zu den Kollegen aus der Ferienhaussiedlung schliefen die Wasservögel wohl noch tief und fest. Anscheinend wollten sie nicht ohne ausreichend Tageslicht auf dem Meer unterwegs sein oder sie nahmen ganz einfach nur Rücksicht auf die schlafenden Artgenossen. Die Kormorane flogen morgens immer erst nach Tagesanbruch und in kleineren Gruppen auf die Jagd und kehrten noch vor Sonnenuntergang zu ihren Schlafbäumen an der Küste zurück. Die Schlafbäume waren allerdings längst keine Bäume mehr. Unter dem Kot der Vögel hatten sie im Laufe der Jahre ihr Leben gelassen. Zurückgeblieben waren zugeschissene weiße Holzgestelle.

Leif parkte den Landrover an der Hauptstraße. Wir schnappten uns unsere Rucksäcke und Angelruten und machten uns im Schein unserer Kopflampen über einen kleinen Küstenpfad auf den Weg hinunter zum Meer. Es war eine ruhige, eine friedliche Welt, durch die wir gingen. Die Luft war erfüllt von der Kühle der Nacht und dem so typischen Meeresgeruch. Diese Mixtur aus Tang und Salzwasser verzauberte meine Nase. Ich liebte diesen Geruch.

≈

Nach einem zehnminütigen Fußmarsch mündete der Küstenweg in einer kleinen einsamen Bucht direkt am Meer. In der Bucht lagen kugelrunde Steine in allen erdenklichen Größen, durch die sich ein kleiner, fröhlich plätschernder Bach den Weg ins große Meer bahnte. Hier und da fanden sich breite Flecken mit Strandsand, ideale Plätze, um einen kleinen Lagerplatz aufzuschlagen.

Die Bucht war umgeben von einem dichten Küstenwald, aus dem sich ein paar alte Bäume verabschiedet hatten. Anscheinend hatten sie den Stürmen, die vom Meer heraufzogen, nichts mehr entgegensetzen können. Sie waren einfach umgefallen und auf dem Strand liegen geblieben.

Zu unserer Überraschung lag mitten in der Bucht, gerade mal hundert Meter vom Strand entfernt, ein großes Holzsegelboot vor Anker. Wir hatten zwar nicht darüber gesprochen, aber insgeheim war wohl jeder von uns davon ausgegangen, dass außer uns niemand sonst so früh am Morgen am Strand zu finden sein würde. Die Besatzung an Bord des Bootes schlief aber vermutlich noch genauso fest wie die Kormorane.

Wir legten unsere Rucksäcke ab und jeder suchte sich einen bequemen Platz am Strand, um den Sonnenaufgang in Stille zu genießen.

Ich war verzaubert von diesem Naturschauspiel. Verzaubert davon, wie sich das aufgehende Licht erst am Horizont und dann über dem Meer immer weiter ausdehnte.

Die Nacht hatte sich über dem Meer aufgelöst und vor uns lag ein frischer, neuer Tag. Zu meiner Überraschung stieg die Sonne relativ zügig am Horizont empor und ich war einerseits ein wenig enttäuscht, dass eine lockere Wolkendecke immer wieder die Sicht auf die Sonne versperrte, anderseits verliehen die Wolken dem Spektakel ganz besondere Farbnuancen, denn die Sonne beleuchtete sie von unten und ließ sie in den schillerndsten Rottönen erstrahlen.

Auch das Segelboot war mittlerweile in warmes Morgenlicht getaucht. Von der Besatzung fehlte aber nach wie vor jede Spur.

Wir schenkten uns jeder einen Becher Kaffee ein und begannen damit, unsere Angelruten aufzuklaren. Wir waren natürlich nicht nur gekommen, um den Sonnenaufgang zu erleben, wir wollten auch Fische fangen.

An den Steinen im Wasser konnte ich erkennen, dass der Wasserstand über Nacht deutlich gefallen war. Grüne Meeresalgen, die sich auf den glatten Außenseiten der Steine angesiedelt hatten, lebten plötzlich nicht mehr im Wasser, sondern hingen im wahrsten Sinne des Wortes in der Luft. Der Blasentang, der zwischen den vielen

Steinen auf dem Meeresgrund wuchs und der ohne das Wasser seine aufrechte Haltung verloren hatte, lag nach Wasser schnappend platt auf dem Meeresboden. Die Pflanzen konnten solche Ausnahmesituationen durchaus meistern, aber länger als vier Tage durfte das Wasser nicht wegbleiben.

„Da fehlt aber mächtig Wasser!“ Ich schaute zu Leif hinüber, der in sich versunken in seiner Watjackentasche herumkramte und wahrscheinlich nach einem Messer suchte, um einen überstehenden Schnurknoten einzukürzen.

„Das sind die Vorboten eines Sturmtiefs!“, antwortete er mit einem kurzen Blick auf den Morgenhimmel. „Ein Sturm aus westlichen Richtungen kündigt sich immer zuerst mit fallenden Wasserständen an, fast so, als würde der Sturm uns die Zeit geben wollen, dass wir uns auf ihn einstellen können. Die Fischer der Insel verstehen diese Zeichensprache der Natur. Niemand von ihnen käme auf die Idee, diese Zeichen zu ignorieren und heute aufs Meer hinauszufahren, um Netze auszusetzen. Es wäre viel zu riskant und zu lebensgefährlich. Wer unter *Naturzeichen-Legasthenie* leidet, ist entweder gut versichert oder er hat hoffentlich einen Verwandten bei der Seenotrettung!“, lachte Leif mich an.

Und dabei sieht im Moment alles so still und friedlich aus, dachte ich beim Blick auf das Meer. Im Augenblick konnte ich mir nur schwerlich vorstellen, dass ein Sturm herannahte. Die Besatzung des Segelschiffs litt wahrscheinlich auch nicht unter Naturzeichen-Legasthenie, denn sie hatten die Zeichen erkannt und wohl auch deshalb den Schutz der beschaulichen Bucht gesucht.

Die Stürme hatten zu dieser Jahreszeit schon so manches Schiff in Gefahr gebracht, erzählte mir Leif und dann kam er etwas unvermittelt auf den Kapitän des Segelboots zu sprechen: „Was meinst du, ist auf dem Boot ein mutiger oder ein ängstlicher Kapitän?“, fragte er mich, während er damit beschäftigt war, den Schnurrest an seiner Angelmontage abzuschneiden.

„Wie meinst du das?“ Ich konnte seinem Gedankensprung vom gefallenen Wasserstand zum Bootskapitän nicht so schnell folgen.

„Nehmen wir mal an, das Segelschiff symbolisiert dein Leben“, begann er mich mit in seine Gedankenwelt zu nehmen. „Dann hast du zwei Möglichkeiten, dein Schiff da draußen auf dem großen Meer des Lebens zu manövrieren: Entweder steuerst du es mit deinem Herzen oder du steuerst es mit dem Verstand. Einen Kurs, der gleichzeitig vom Herzen und vom Verstand bestimmt wird, den gibt es nicht im Leben!“, war Leif sich sicher.

„Wirklich nicht?“ Ich war mir da nicht so sicher wie der alte Mann. „Es gibt doch durchaus Situationen, wo Kopf und Herz im Einklang sind, oder?“

„Ja, das stimmt wohl!“, nickte Leif mir zu, „aber niemals im Moment der Entscheidung. Da gibt es nur ein Entweder-oder. Wenn du etwas spontan aus dem Bauch heraus entscheidest, folgst du deinem Gefühl. Wenn du aber die Situation erst analysierst, Pro und Kontra einer Entscheidung abwägst, fällst du deine Entscheidung mit dem Verstand. Einklang gibt es da nicht.“

Während ich noch versuchte, in seine Gedankenwelt einzutauchen, und über seine Ausführungen nachdachte, zeichnete Leif das Bild seiner Geschichte schon weiter.

„Wir leben in stürmischen Zeiten.“ Dabei blickte er auf das Meer. „Und Tag für Tag suchen Millionen von Menschen solche Verschnaufpausen in kleinen Buchten wie dieser, wohl wissend, dass sie anschließend wieder aufs große Meer hinaus müssen.“ Er nickte auf das Wasser hinaus. „Die *Bucht* ist ein viel zu kurzes Wochenende, ein Urlaub, der zu Ende ist, bevor er richtig angefangen hat, die Grippe, die dich für ein paar Tage ans Bett fesselt, oder der abendliche Spaziergang als Versuch, irgendwie den Kopf freizukriegen. Pause machen. Kurz innehalten.“ Leif atmete einmal kräftig ein und aus.

„Und wenn es soweit ist, dass man die Bucht bald wieder verlassen muss, stellt man sich dann die Frage nach dem Kurs“, erklärte er weiter.

„Dann hören viele Menschen plötzlich, wie ihr Herz, von dem sie so lange nichts mehr gehört haben, mit ihnen zu sprechen beginnt. Und das Herz erzählt ihnen, dass es mit Freude und Lust einen neuen Kurs einschlagen würde. Dass es das alte, kräftezehrende Fahrwasser der Vorjahre gerne verlassen würde, weil die innere Perspektivlosigkeit und die Kraftlosigkeit unerträglich geworden sind. Die Menschen fühlen, dass die Zeit gekommen ist, auf ihr Herz zu hören und den Kompass in ihrem Leben neu auszurichten. Sie wollen endlich wieder frischen Wind in ihren Segeln spüren und neue Ufer entdecken. Sie wollen ein kraftvolles, freies und balsamisches Leben. Sie wollen wieder spüren, wie es sich anfühlt, mit Freude den Anker zu lichten und voller Abenteuerlust hinaus auf das große Meer des Lebens zu fahren!“

Leif machte eine kurze Pause, verstaute sein Messer wieder in der Watjacke, und dann nahm seine Geschichte eine unerwartete Wendung. „Doch nur einen kurzen Augenblick später meldet sich auch schon ihr Verstand zurück an Deck. Er will zurück ans Ruder und zurück in das alte, vermeintlich sichere Fahrwasser. Und dann schippern die meisten Menschen wieder hinaus in die alte, wohlbekannte und doch so fremdbestimmte Fahrrinne. Sie haben sich wieder für ihren Verstand auf dem Steuerstand entschieden. Und weil der Verstand selten Rücksicht auf Gefühle nimmt und sie oftmals ignoriert, führt der Kurs immer weiter fort von dem, was eigentlich gelebt werden will – ein kraftvolles, selbstbestimmtes und glückliches Leben.

Fort von dem, was ihnen ihr Herz vor ein paar Augenblicken noch zugeflüstert hat: ein erfülltes Leben, das für sie bestimmt ist."

≈

Während ich Leifs Geschichte zuhörte, lief vor meinem inneren Auge mein ganz eigenes Kopfkino ab. Ich sah Hunderte von Schiffen in eng abgesteckten Fahrrinnen über das große Meer fahren. Jenseits der Backbord- und Steuerbordtonnen war jede Menge Platz, dort wartete die Freiheit, aber die Schiffe fuhren ordentlich aufgereiht durch das vorgegebene Fahrwasser. Und nicht nur das, sie fuhren auch alle dieselben Häfen an und machten an den gleichen Anlegern fest. Auf den Anlegern standen große Schilder und in den Bruchteilen von Sekunden, in denen mein Film ablief, konnte ich nur ein paar davon erkennen und wusste in diesem Augenblick nicht, ob ich lachen oder weinen sollte, denn mein schwarzes Loch bekam plötzlich eine erste Bilderwelt.

„Woran denkst du?" Leif schaute mich an. Ihm war meine Gedankenreise nicht verborgen geblieben.

„Ich habe mich gerade an unser Telefonat im letzten Winter erinnert, in dem du davon sprachst, dass das Leben eine innere und eine äußere Reise ist. Und in dem Bild vom Steuerstand und der Entscheidung, wie ich mein Schiff führe, entdecke ich gerade diese beiden Reisen." Ich schaute zu Leif, der es sich mit einem Becher Kaffee in der Hand längst wieder am Strand gemütlich gemacht hatte. Mein Kopfkino behielt ich für mich.

„Das ist wirklich eine gute Assoziation!", sagte er mit einem verträumten Blick auf das Segelboot. „Das Boot und seine Route sind die Symbole deiner äußeren Reise, aber wie du dich auf der Fahrt *fühlst* und wie es dir mit deinen Entscheidungen geht, das spürst du auf deiner inneren Reise. Deine innere Reise ist die Reise deines Fühlens und deine äußere Reise ist die Reise deines Handelns."

Die ersten Kormorane machten sich auf den Weg zu ihren Jagdgebieten. Es waren äußerst scheue Vögel, die, als sie uns am Strand bemerkten, einen kurzen Bogen um uns herum flogen. Es war wahrscheinlich genau der Abstand, den man als Kormoran einhalten muss, wenn man von einer Schrotflinte bedroht wird und überleben will. Unsere Waffen waren allerdings Angelruten. Die Kormorane waren aber schon längst wieder auf ihrem ursprünglichen Kurs ...

≈

„Dann ist unsere innere Lebensreise also unsere Gefühlsreise und die äußere Reise ist all das, was wir so tun?", versuchte ich, das Bild noch tiefer zu fassen.

„So ist es!" Leif schaute zu mir herüber.

„Die äußere Reise ist auch deine biologische Entwicklung. Vom Kind zum Jugendlichen. Vom Jugendlichen zum Erwachsenen. Vom Erwachsenen zum Alten. Deine Freundschaften, deine Beziehungen, deine Jobs, deine Hobbys, dein Altern, dein Status, all das findet in der äußeren Welt statt, aber du bist von Geburt an auch ein spirituelles Wesen, das seine ganz eigene Bestimmung mit auf diese Lebensreise bekommen hat – deine Gaben für ein erfülltes Leben. Jeder Mensch kommt auf diese Welt, um sich auch geistlich zu entwickeln, und dein Körper ermöglicht dir diese Reise." Versonnen schaute er auf seine linke Hand, mit der er sich liebevoll über seinen Bauch strich.

„Ist das nicht ein bisschen durchgeknallt?" Mit einem fragenden Blick schaute ich zu Leif hinüber.

„Was ist denn daran durchgeknallt?“, kam die leicht entrüstete Gegenfrage. „Was glaubst du: Welcher Kurs führt dich in ein erfülltes, glückliches Leben? Der Kurs, den dein Herz bestimmt, oder der Kurs, den dein Verstand vorgibt?“, spielte Leif mir den Ball wieder zurück.

„Also, wenn ich mich an die Zeiten erinnere, in denen mein Verstand den Kurs bestimmt hat, war ich tatsächlich selten glücklich und schließlich endete der Kurs irgendwann ja sogar im Hamsterrad-Fahrwasser!“ Ich musste selbst über dieses Wort schmunzeln.

„Ja, dein äußeres Leben ist ein Spiegelbild deiner inneren Reise!“ Leif sah mich an. „Und Hamsterrad-Kapitäne haben ihre Gefühle oftmals gut unter Deck verstaut.“ Während Leif sich daranmachte, seine Köderbox aus der Watjacke zu holen, starrte ich stumm auf das Meer.

Mir ging es in diesem Augenblick wie den vielen Leuten in ihren kleinen Buchten: Mein Herz fühlte, wie viel Wahrheit und Heilkraft in den Worten des alten Mannes lagen, und mein Verstand suchte umtriebig Argumente, um die Worte des alten Mannes zu entzaubern. Der Verstand stellt sich nicht gerne selbst in Frage und am liebsten hätte er ihn in den Strandsand gestampft. *Schweig, alter Mann*!

„Du kannst deinem Herz vertrauen!“ Leif holte mich mit einem warmherzigen Blick aus meiner Sprachlosigkeit und kurzzeitigen Verwirrung ab. Er hatte ein gutes Gespür dafür, wann es Zeit war, die Dinge einfach mal sacken zu lassen. Er stand auf, nahm sich seine Angelrute, montierte eine kleine orangefarbene Küstenfliege an seine Angelschnur und machte sich auf den Weg zum Meer, denn schließlich wollten wir auch Fische fangen.

Ich blieb etwas nachdenklich zurück. Es gab also nicht nur Naturzeichen-Legasthenie – es gab auch Lebens-Legasthenie, denn wie der aufkommende Sturm sich jetzt schon ankündigte, hatten sich damals auch die Konsequenzen meines Hamsterrad-Lebens frühzeitig bei mir angekündigt, aber ich hatte sie lange Zeit ignoriert. Am Ende hatte ich sie sogar mit Tabletten betäubt …

≈

Mittlerweile war das Morgenrot einem satten Tageslicht gewichen und der Himmel hatte sich weiter zugezogen. Die Wolken zogen aus westlichen Richtungen über die Bucht hinweg, und es war beachtlich, mit welcher Geschwindigkeit sie das taten. Das war, wie Leif mir später erklärte, ein weiteres sicheres Zeichen für einen herannahenden Sturm. Er trieb bereits Tage vorher die Wolken vor sich her. Im Augenblick lag das Wasser in der Bucht aber noch ruhig da und in der letzten Stunde konnte ich an mehreren Stellen Fische beobachten, die mit ihren langen Schnäbeln immer wieder durch die Wasseroberfläche brachen. Es gab keinen Zweifel, die Hornhechte waren tatsächlich angekommen!

Es waren immer mehrere Fische, die an einer Stelle das Wasser regelrecht zum Kochen brachten. Nach ein paar Sekunden war das Spektakel wieder vorbei und die Fische tauchten wieder unter. Ein Spiel, das sich ständig wiederholte. Es war schön, den Fischen zuzuschauen und sich gleichzeitig die Frage zu stellen, an welcher Stelle sie wohl als Nächstes auftauchen würden. Ich war erstaunt, wie weit sie sich dem Ufer genähert hatten. Teilweise schwammen sie keine zwanzig Meter von uns entfernt.

„Die Hornhechte sind da!“, bestätigte Leif meine Vermutung mit einem Blick auf die tanzenden Fische, bevor er langsam in das Meer hinauswatete.

Diese Fische waren groß, sicher siebzig, achtzig Zentimeter lang, und ihre schlanke Körperform glich eher der eines Aals als eines typischen Fischs. Sie waren im Schwarm unterwegs und ihre enorme Sprungfähigkeit half ihnen bei der Jagd und auf der Flucht vor Feinden.

Auffällig war ihr langer, mit Hunderten von kleinen Zähnen besetzter Hornschnabel. Mit ihm konnten die Raubfische ihre Beute, die überwiegend aus Sandaalen und Krebstieren bestand, sicher packen.

Die Fische waren den weiten Weg aus dem Nordatlantik hierhergeschwommen, um in den flachen Küstengewässern eine neue Generation Hornhechte zu zeugen. Sie hefteten ihre Eier mit einem klebrigen Faden am Tang und an den Steinen fest, und nach vier bis sechs Wochen schlüpften die Jungen. Der herannahende Sturm hatte einige ihrer vielversprechenden Laichplätze im Uferbereich einfach trockengelegt.

Das, was wir da an der Wasseroberfläche sahen, waren ihre Paarungstänze. Wir würden sie in ihrem Liebesspiel stören, weil es für einen Küstenangler nur einmal im Jahr die Chance gab, diese leckeren Fische zu fangen, und das war ausgerechnet in ihrer Paarungszeit im Mai oder Juni. Den Rest des Jahres schwammen die Fische weiter draußen im tieferen Wasser, unerreichbar selbst für die größten Wurfkünstler, auch wenn manch ein Aufschneider gerne etwas anderes erzählte. Es hatte mich früher immer maßlos aufgeregt, wenn ein Meerforellenangler behauptete, er könne weiter als hundert Meter werfen. Hundert Meter sind ein verdammtes Ende und das wusste ich aus eigener Erfahrung.

≈

Die erste Angelrolle, die mein Vater mir schenkte, war eine sogenannte Fliegenrolle. Mit der konnte man seine Köder nicht hinauswerfen, sie diente nur dazu, die Schnur aufzuspulen und zusammenzuhalten. Wir fuhren mit der Rolle in einen kleinen Angelladen und baten den Händler, hundert Meter Schnur auf die Rolle zu spulen.

Dann ging ich mit dieser Rolle, mit der man nicht werfen konnte, hinunter ans Meer, um Flundern zu fangen. Schnell hatte ich auf den Sandbänken ein paar Wattwürmer ausgegraben und sie am Haken befestigt. Ein kleines Blei, kurz hinter dem Haken angebracht, sollte den Köder am Grund halten, denn die Flundern gingen direkt auf dem Meeresgrund auf Nahrungssuche.

Und da stand ich dann am Meer – mit einer Angelrolle, mit der man nicht werfen konnte – und wollte Flundern fangen. Mit unzähligen Strandsteinen baute ich einen Halter für die kurze Angelrute, an der die Rolle befestigt war. Endlich stand sie aufrecht am Strand und dann löste ich die kleine Bremse an der Angelrolle, sodass es kinderleicht war, die Schnur herunterzuziehen. Die Rolle gab ohne viel Widerstand die Schnur her. Dann zog ich meine Kleidung aus, nahm das Vorfach mit Haken und Blei in die Hand und schwamm ins Meer hinaus. So weit, wie die Rolle mir Schnur gab – hundert Meter!

Als die komplette Schnur abgerollt war, ließ ich Blei und Vorfach los und sie sanken zu Boden. Wieder am Strand angekommen setzte ich mich neben meine Rute und wartete eine Zeit lang geduldig darauf, dass eine Flunder meinen Köder finden würde. Dann drehte ich mit der Rolle die Schnur wieder ein. So habe ich meine ersten Flundern gefangen und ein sehr, sehr gutes Gefühl dafür bekommen, wie weit hundert Meter sind.

Es gab in Anglerkreisen viele Diskussionen über Fischarten und darüber, wann man diese oder jene Fische fangen sollte und wann besser nicht. Hornhechte waren niemals Gegenstand solcher

Diskussionen, weil es erstens unendlich viele diese Schnabeltiere gab und zweitens eine Vielzahl der Angler die Fische wegen ihrer grünen Gräten gar nicht mochte.

Ich hielt das für einen großen Geschmacksirrtum, denn es gab aus meiner Sicht kaum etwas Besseres als einen gegrillten Hornhecht. Dazu einen frischen grünen Salat – für mich war das ein absolutes Festessen.

≈

Es war jetzt schon gut zwei Jahre her, dass ich meine letzten Hornhechte an der Küste gefangen hatte. Damals tauchten mit den Fischen im Frühjahr auch die schwarzen Löcher häufiger auf. Die Zeit läuft.

Hinter einer durchsichtigen, tischtennisballgroßen Schwimmkugel, die mit Wasser gefüllt als Wurfgewicht diente, hatten wir ein drei Meter langes Stück Angelschnur geknotet, an deren Ende der Köder befestigt war. In diesem Fall war es eine kleine orangefarbene Küstenfliege. Eigentlich ist die Küstenfliege gar keine Fliegenart, sondern ein Angelhaken, auf den mithilfe von Draht und Kleber orangefarbene Federn und Wollreste fixiert wurden. Wenn man dieses Kunstwerk ins Wasser wirft und mithilfe der Angelrolle in Bewegung setzt, sieht es aus, als wäre ein kleines mutiertes Unterwassertier unterwegs, auf das sich die Hornhechte dann mit etwas Glück gierig stürzen.

Da die Schnäbel der Hornhechte sehr lang und sehr zerbrechlich sind, werden ziemlich kleine Haken benutzt, damit die Fische ohne viel Mühe über den Haken schnappen können. Zu große Haken führen nur zu Fehlbissen.

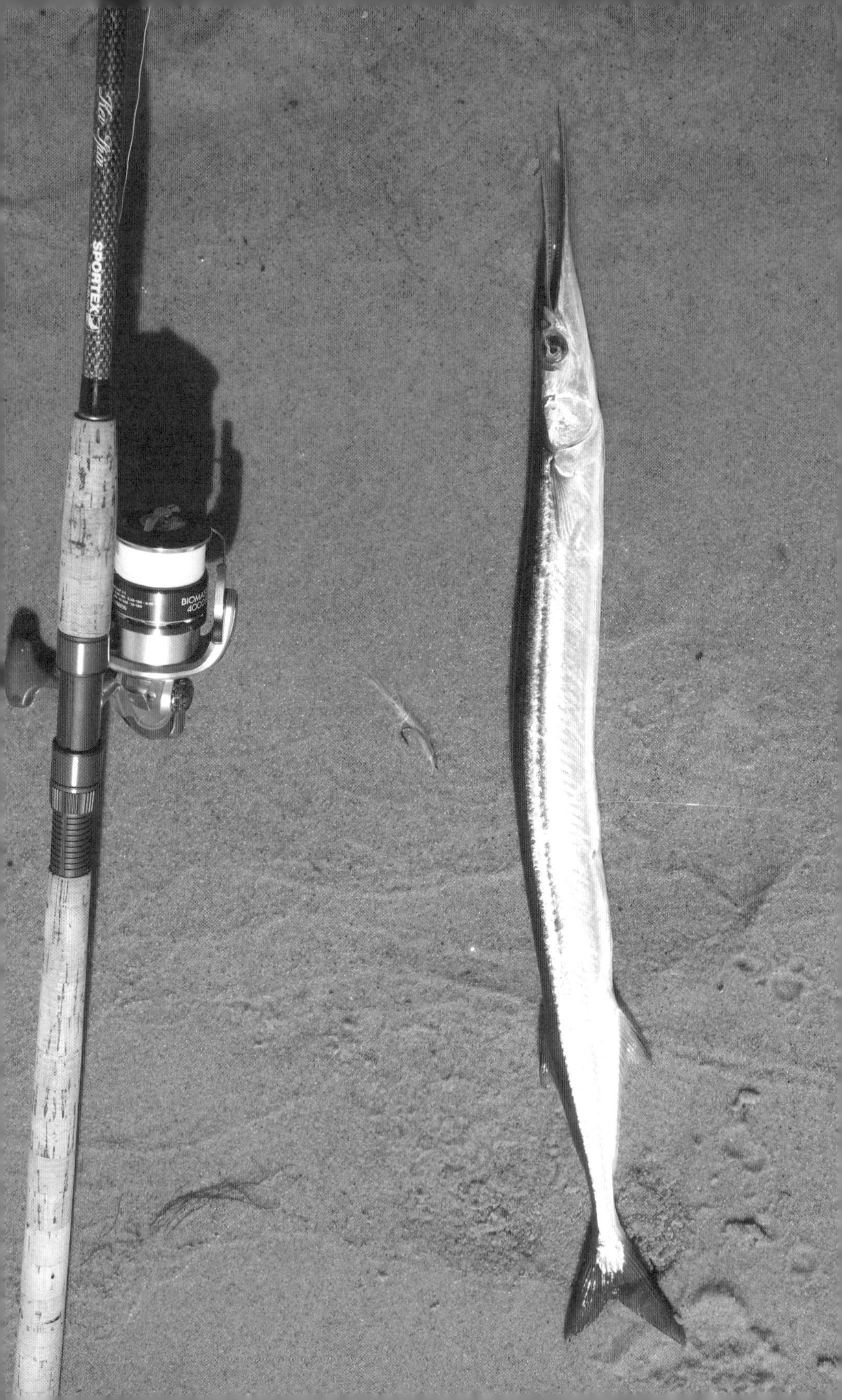
SPORTEX

„Wir bringen die Hornhechte in die miese Situation, sich zwischen Fressen und Sex zu entscheiden", hatte einmal ein Freund bei einem gemeinsamen Angelausflug ans Meer gesagt.

Und die Fische, die sich falsch entscheiden, landen dann am Haken und anschließend über dem Lagerfeuerrost – so hatten Leif und ich es jedenfalls geplant. Im Rucksack wartete bereits ein angerichteter grüner Salat darauf, dass wir zwei der *Falschentscheider* überlisten würden. Ich hatte den Salat schon am Vorabend zubereitet und zusammen mit ein paar geschmierten Broten und zwei Äpfeln in meinem Rucksack verstaut. Eine Arbeit, die mich heute Morgen absolut überfordert hätte.

Ich nahm meine Angel und watete hinaus ins Meer. Was für ein unbeschreiblicher Augenblick, immer wieder! Mit der Berührung des Wassers trat ich in eine andere Welt. Eine Welt, in der es nichts anderes gab als mich und die Fische, eine Welt, in der ich noch immer viel zu selten unterwegs war. Überall um mich herum tobten sich die Hornhechte aus. Das Wasser sah an vielen Stellen aus, als würde es kochen. Noch ahnten die Fische nicht, dass sie sich gleich entscheiden mussten …

Um die Fische nicht unnötig aufzuscheuchen, watete ich nur ein kurzes Stück hinaus, weit genug, um sie gezielt anwerfen zu können. Ich warf meine Küstenfliege mit sehr viel Gefühl direkt hinter so eine Ansammlung liebeswütiger Fische. Die Kunst dabei war, dass die Schwimmkugel nicht zu brachial auf die Wasseroberfläche klatschte, denn dann hätte ich auch gleich mit Steinen schmeißen können.

Noch bevor ich drei Kurbelumdrehungen mit meiner Angelrolle gemacht hatte, sprang der erste gehakte Hornhecht dreißig Meter vor mir aus dem Wasser. Im Maul hing mein Köder. Der Fisch hatte sich fürs Fressen entschieden!

Die Rute war bis zum Anschlag krummgezogen und mit wütenden Kopfschlägen versuchte der Fisch, die bunten Wollfäden wieder loszuwerden. In seiner Verzweiflung sprang er mehrmals in ganzer Länge aus dem Wasser, in der Hoffnung, so sein Leben zu retten.

Vergebens.

Der Haken saß perfekt in dem langen Hornschnabel und er gab den Fisch nicht mehr frei. Als ich den Fisch vorsichtig zu mir herandrehte, glaubte ich meinen Augen kaum zu trauen: Der Fisch wurde von fünf, sechs anderen Fischen eskortiert. Erst zwei Meter vor mir drehten sie ab und verschwanden wieder im Meer und in ihrer Freiheit. Sie hatten den gehakten Fisch tatsächlich auf seiner letzten Reise begleitet. Oder waren sie einfach nur fressneidisch dem erfolgreichen Jäger gefolgt? Schwer zu sagen, aber mir gefiel die erste Variante der Geschichte, auch wenn sie mir die Tränen in die Augen trieb.

Ich bedankte mich bei dem Hornhecht und tötete ihn. Einen Wurf später fing ich den zweiten Fisch.

„So etwas habe ich ja überhaupt noch nicht erlebt!", sagte ich fast ein wenig euphorisch, als ich zu Leif an den Strand zurückkehrte. „Zwei Würfe, zwei Fische!"

Er war vor mir angekommen und hatte schon damit begonnen, einen Lagerfeuerplatz einzurichten. Wahrscheinlich hatte er mitbekommen, dass die Fische es gut mit mir meinten.

„Sie fressen eben lieber!", stellte Leif mit einem Augenzwinkern fest und schloss mit einem letzten Stein den Steinkreis, der den Rahmen für das Lagerfeuer bilden sollte.

Wir machten uns daran, Lagerfeuerholz zu sammeln. In der Bucht war viel Treibholz gestrandet, denen Sonne und Wind im Laufe der Zeit die Feuchtigkeit ausgetrieben hatte. Es war das perfekte Lagerfeuerholz.

Mein Blick fiel erneut auf das Segelboot. Nicht nur die Kormorane waren in den Tag aufgebrochen; jetzt, kurz vor dem Mittag, war auch ein Mann an Deck des Segelbootes erschienen. Er saß mit baumelnden Beinen und einem Becher neben sich auf dem Heck des Schiffes und schaute hinaus aufs Meer. Wahrscheinlich sprach gerade sein Herz zu ihm.

„Deine äußere Reise ist ein Spiegelbild deiner inneren Reise“, hatte Leif gesagt, bevor ich angeln gegangen war, und es war der erste Satz, der mir jetzt beim Anblick des Mannes an Bord wieder in den Sinn kam.

„Warum trauen die Menschen sich nicht, ihr Herz ans Ruder ihrer Schiffe zu lassen?“ Ich blickte zu Leif, der mit einem Arm voller Holz wieder am Lagerfeuerplatz ankam und das Holz neben die Feuerstelle legte.

„Weil sie ihr Selbstbewusstsein verloren haben!“ Leif schaute mich an und begann dann, das Lagerfeuer aufzuschichten.

„Wie meinst du das: *Sie haben ihr Selbstbewusstsein verloren*? Waren sie denn jemals selbstbewusst?“ Ich sah den alten Mann fragend an.

„Was glaubst du, wie Kinder ihre Schiffe führen würden?“, stellte er eine Gegenfrage und ich war um die Antwort nicht verlegen.

„Ganz klar, mit ihrem Herzen. Sie sind so voller Lebensfreude und Tatendrang und ihr Tun ist so von Spaß und Lust beseelt, da hätte der Verstand keine Chance an Deck.“ Ich erschrak fast ein wenig darüber, wie klar und deutlich ich ohne viel Nachdenken das Selbstbewusstsein eines Kindes beschreiben konnte – im Sinne eines „Sich seiner selbst bewusst sein“.

„So ist es!“, sagte Leif geradezu begeistert. „Jede Geburt ist der Anfang einer inneren und äußeren Reise. Kinder kommen als selbstbewusste Wesen voller Liebe und Freude auf diese Welt und sie tragen ihre Lust am Leben vor sich her.“

„Aber was passiert denn dann in den jungen Jahren, warum verlieren wir irgendwann den Kontakt zu unserem Herzen?“ Ich konnte diesen Verlust auch auf meinem eigenen Lebensweg nachvollziehen, aber nicht erklären, geschweige denn in Worte fassen.

„Wir werden in eine Welt hineingeboren, in der die meisten Menschen den Zugang zu sich selbst und damit zu ihrer inneren, spirituellen Reise längst verloren haben“, versuchte Leif die Ursprünge der Krise zu erklären. „Da stehen wir dann mit unseren großen liebevollen Herzen und unserer Lust auf das Leben plötzlich in einer Welt von Analytikern, Wissenschaftlern, Lehrern, Politikern und Erziehungsberechtigten, die ihre Welt und ihre Sicht der Dinge mit dem Verstand zusammenhalten. Und unsere heile und liebevolle Welt beginnt, mehr und mehr zu bröckeln …“

Während Leif seinen Gedanken weiter freien Lauf ließ, entzündete er mit einem Streichholz das Lagerfeuer.

„Wir hören tagtäglich Sätze wie: *Das tut man nicht! Das Leben ist kein Wunschkonzert! Stell dich nicht so an! Das darf man nicht! Hör auf zu träumen! Was sollen die Nachbarn denken? Du tust gefälligst, was wir dir sagen! Erst die Arbeit, dann das Vergnügen! Wer morgens pfeift, den holt abends die Katze! Schuster, bleib bei deinen Leisten! Jungs weinen nicht! Der Spatz in der Hand ist besser als die Taube auf dem Dach!* oder *Beiß die Zähne zusammen!* … und so weiter“, reihte Leif einen furchtbaren Glaubenssatz an den nächsten.

„Kommt mir irgendwie bekannt vor.“ Ich begann, regelrecht ein körperliches Unbehagen zu fühlen.

„Als Kinder brauchten wir die Anerkennung und die Liebe unserer Eltern, unserer Lehrer, der Menschen in unserem Lebensumfeld, damit wir uns sicher fühlten. Als Anker für unser Leben. Und um diesen Anker nicht zu verlieren, gaben wir unser Herzenswissen Stück für Stück auf und setzten stattdessen auf unseren Verstand, wie es uns von vielen Menschen in unserem Umfeld vorgelebt und von uns erwartet wurde. Wir folgten ihren Worten und Regeln, weil wir ihre Liebe und Anerkennung nicht verlieren wollten. *Nein, das tut man wirklich nicht! Ja, das Leben ist kein Wunschkonzert! Die Nachbarn sollen Gutes denken! Lebe nicht deine Träume, sondern lebe, was dein Verstand dir sagt! Haste was, biste was! Ich pfeife lieber nicht! Erst die Arbeit, dann das Vergnügen. Nein, das lasse ich lieber! Nein, ich weine nicht!* Das werden die neuen Glaubenssätze in unserem Leben."

Jetzt schaute er mich an. „Zwischendurch versuchen wir zwar immer wieder einmal, unserem Herzen zu folgen. Aber der Impuls wird mit den Jahren immer schwächer. Irgendwann sind wir dann angekommen in der Welt der Analytiker und Denker – angekommen in der Welt unserer Mütter und Väter, unserer Großeltern und Urgroßeltern. Ein indianischer Ältester hat diesen schmerzlichen Verlust einmal so beschrieben: Siebenmal sammeln wir unser Herz wieder auf, dann lassen wir es für immer liegen! – „Siebenmal", wiederholte Leif fast andächtig und legte noch etwas Feuerholz nach.

Die Klarheit, mit der er den Abbruch der spirituellen Reise vieler Menschen beschrieb, tat beinahe weh, und ich konnte dieser Klarheit nur Abstand entgegensetzen, denn für den Augenblick war ich aufgewühlt genug.

Die Gefühle, die dieses kurze Gespräch ausgelöst hatten, und die Bilder vor meinem inneren Auge passten zu dem Kopfkino, das sich am Vormittag abgespielt hatte. Alles in meinem Inneren zog sich zusammen und ich fühlte Angst und Unsicherheit in jeder Zelle meines Körpers. Eine Angst und eine Unsicherheit, die entstehen, wenn man ständig gesagt bekommt, was richtig und was falsch ist, und das eigene Selbstbewusstsein mehr und mehr schwindet.

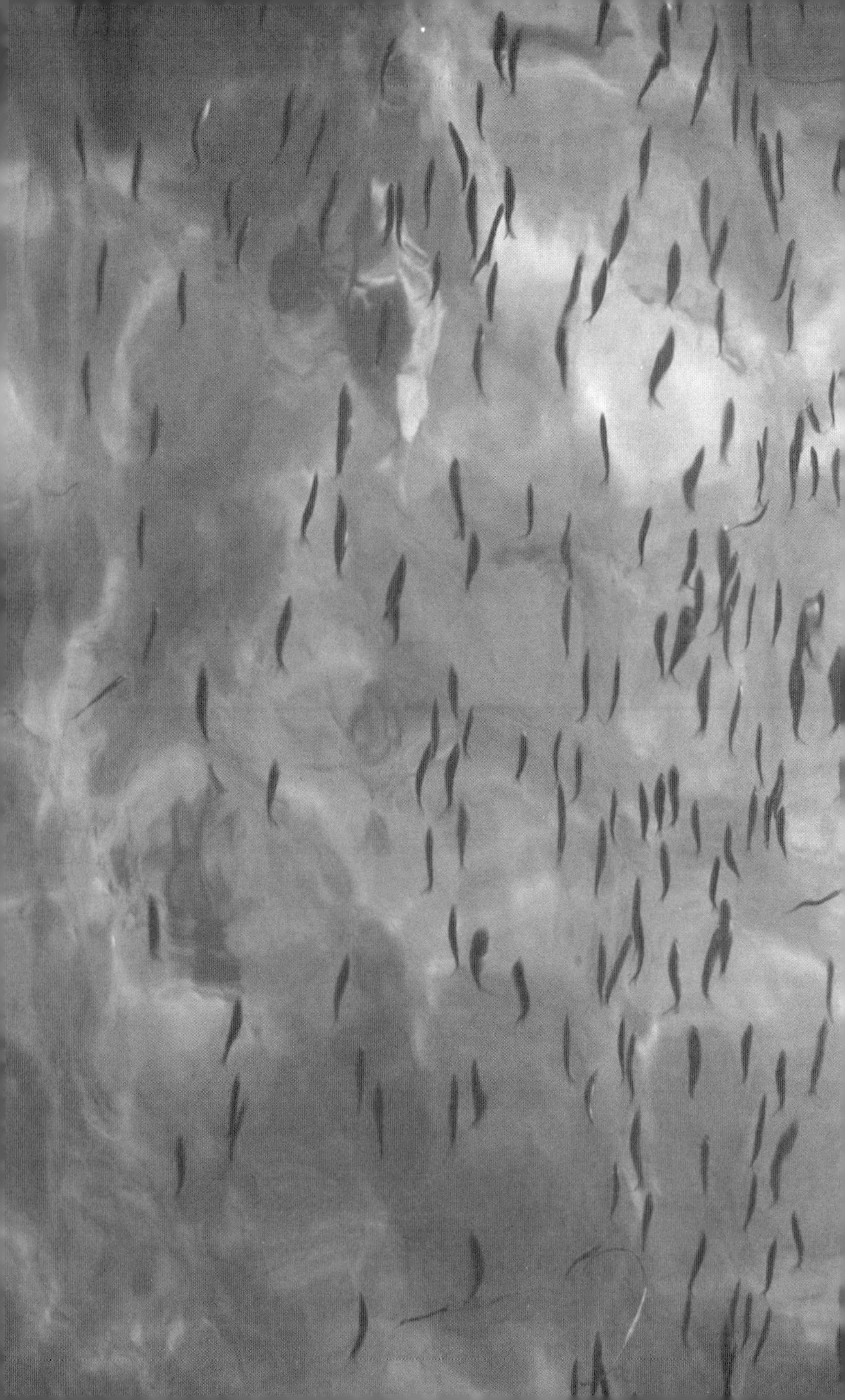

Ich nahm meine gefangenen Fische und ging ans Wasser, um sie für das Grillen vorzubereiten. Die Hornhechte hatten sich für ihr Liebesleben ordentlich gestärkt. In ihren Magensäcken fand ich unzählige Tobiasfische und Sandgarnelen.

Die Tobiasfische hatte ich schon beim Hinauswaten an den Übergängen der Sandbänke zu den Seegrasfeldern gesehen. In Schwärmen von dreißig, vierzig oder mehr Fischen schwammen die kleinen Räuber scheinbar ziellos durch das Wasser, immer auf der Jagd nach Kleintieren. Im Schwarm fühlten sie sich sicher. Kam eine Bedrohung auf sie zu, konnte der komplette Schwarm in Sekundenbruchteilen das Tempo erhöhen und die Richtung wechseln, ohne einander dabei in die Quere zu geraten. Das würde ich gerne einmal mit hundert Menschen in einer belebten Einkaufsstraße probieren …

Während ich die Hornhechte ausnahm, kehrte ich innerlich zurück in die Welt, in der es noch den Kaugummiautomaten an der Hauswand des kleinen Dorfladens gab. In eine Welt der Cowboys und Indianer, der abgeblätterten Spielzeugautos aus Metall und der Holzschlitten. In eine Welt, die äußerlich heil und innerlich oft einsam war. Eine Welt, in der schwarze Löcher entstehen, tat sich auf.

Mich beschlich trotz der Traurigkeit auch eine gewisse Dankbarkeit dafür, dem schwarzen Loch nach so langer Zeit endlich eine erste Bilder- und Gefühlswelt geben zu können.

Wenn ich die Augen schloss, sah ich mich als kleinen Jungen vor mir. Ich war fünf Jahre alt, trug eine Hornbrille und es lag eine lange, lange Lebensreise vor mir. Der Weg zu dem kantigen roten Kaugummiautomaten führte über die ungeteerte Dorfstraße und vorbei an zwei Nachbarsjungen, die mit ihren Zwillen und Kirschkernen auf jeden schossen, der zu dicht an dem alten Bretterzaun vor dem Haus vorbeikam.

In meiner kurzen Hose steckten 20 Pfennig, mit denen sich das Tor zu den Schätzen des Kaugummiautomaten öffnen ließ. Das wussten auch die Nachbarjungs, aber ich war der schnellere Läufer …

Der Fisch auf dem Grill, das Lagerfeuer und der Blick auf das Meer, das einfache Leben offenbarte sich als heilsamer Glücksbringer, und ich war auch in meinen Gedanken bald wieder im Hier und Jetzt angekommen.

≈

Der gegrillte Hornhecht schmeckte großartig. Ich hatte zwischenzeitlich schon fast vergessen gehabt, wie grün die Gräten des Fisches tatsächlich waren. Es sah schon ein wenig eigenartig aus, hatte aber auch einen ganz entscheidenden Vorteil, wie mir beim Essen des Fisches klar wurde: Man übersieht die Gräten nicht so leicht.

Der hintere Teil des Fisches, vom Waidloch bis zum Schwanzende, ist weniger mit Gräten durchsetzt, und wenn ein Fischliebhaber jemals einem anderen den Hornhecht als Speisefisch schmackhaft machen möchte, dann sollte er mit dem Schwanzstück anfangen.

Der Nachmittag war längst hereingebrochen. Die Kormorane waren immer noch auf der Jagd und mich übermannte, wohl auch als Preis für das frühe Aufstehen, eine zufriedene Müdigkeit.

Als wir wenig später unsere Sachen zusammenpackten, fielen mir noch eine Menge Fragen zu der Lebensreise des Menschen und den schwarzen Löchern ein, aber wie hatte Leif mich mit seiner trockenen, freundlichen Art ausgebremst: „Morgen ist auch noch ein Tag!“

Wir verließen den Strand, und an Deck des Segelbootes saß immer noch der Mann, der hinaus auf das Meer schaute …

Im Ferienhaus angekommen wollte ich eigentlich noch Tagebuch schreiben, aber ich war schlicht und einfach zu müde. Ich öffnete das Fenster des kleinen Schlafzimmers und ließ den Klang des Wellenrauschens ins Haus und in meine Träume.
Ich schlief tief und fest.

Der zweite Tag:

Vom Fluss des Lebens

Du kannst nur lernen, dass du das, was du suchst,
schon selber bist. Alles Lernen ist das Erinnern an etwas,
das längst da ist und nur auf Entdeckung wartet.
Alles Lernen ist nur das Wegräumen von Ballast,
bis so etwas übrig bleibt wie eine leuchtende innere Stille.
Bis du merkst, dass du selbst der Ursprung von Frieden
und Liebe bist. Sokrates

Mein Tag begann zu einer humanen Zeit. Um 9:30 Uhr saß ich mit einem Becher Kaffee in der Hand auf der Bank vor dem Ferienhaus, schaute aufs Meer und wartete auf Leif.

Über Nacht war der Wasserstand weiter gesunken. Aus dem Wasser vor dem Ferienhaus ragte eine lange Sandbank heraus, die nur ganz selten Luft schnupperte, sonst hätten sich die vielen Miesmuscheln nicht an ihrer steinigen Außenkante angesiedelt. Der helle Sand strahlte im Morgenlicht und drei Möwen nutzten das neue Ufer als Basis, um kleine Plattfische und Grundeln auszuspähen. Einem Fischreiher, der sich etwas plump dazugesellen wollte, wurde unmissverständlich klargemacht, dass er sich besser eine andere Sandbank suchen sollte. Beleidigt flog er wieder davon.

Leif kam pünktlich und wir fuhren die Küstenstraße hinauf zu der kleinen Bucht, in der wir gestern schon geangelt hatten. Der gefallene Wasserstand machte das Fischen an der Süd- oder Westküste der Insel schwierig und ohnehin wollten wir die offenen Fragen dort wieder aufsammeln, wo wir sie gestern liegen gelassen hatten.

„Da braut sich aber mächtig was zusammen!“, sinnierte Leif bei unserer Ankunft in der kleinen Bucht. „Schau dir die Wolken an, wie sie vom Wind dahingetrieben werden. Sie haben noch einmal an Tempo zugelegt!“

Der Sturm selbst schien aber immer noch in weiter Ferne, denn am Strand wehte nur ein laues Lüftchen. Vielleicht deutete der alte Mann die Zeichen ja auch völlig falsch … Das Segelboot lag nach wie vor friedlich in der Bucht und obwohl der Tag längst angebrochen war, fehlte von dem Mann an Bord noch jede Spur.

≈

„Kann man zu dieser Jahreszeit eigentlich noch Meerforellen fangen?“, fragte ich Leif, als wir am Strand saßen und das Meer begrüßten.

In mir machte sich doch ein leichtes Unbehagen breit bei dem Gedanken, weitere liebestolle Hornhechte zu fangen, doch bevor wir Fragen aufsammelten, wollte ich erst eine Runde angeln gehen.

„Oh ja, der Mai ist immer noch ein sehr guter Monat, um Meerforellen zu fangen.“ Leif schaute mich zuversichtlich an. „Besonders hier an der Nordküste mit dem tieferen Wasser in Wurfweite sind die Chancen richtig gut.“

„*Tieferes Wasser* ist gut“, schnaubte ich mit Blick auf den gefallenen Wasserstand.

Leif musste schmunzeln. „Aber es ist immer noch tieferes Wasser da als an den anderen Stränden der Insel“, war er sich sicher. „Auf der anderen Seite des Bachs läuft eine tiefere Rinne in die Bucht hinein. Wenn du bis in das hüfttiefe Wasser hinauswatest und dann deine Angel auswirfst, fischst du in über vier Meter tiefem Wasser. Das ist tief genug für die Meerforellen. Der Einstieg zu der Rinne liegt direkt dort an dem umgestürzten Baum.“ Leif zeigte auf einen alten Kastanienbaum, der hinter dem Bach der Länge nach auf dem Strand lag. Ein Baum, dem nicht die Kormorane, sondern wahrscheinlich ein kräftiger Wintersturm das Leben genommen hatte.

„Hier, probier die mal aus!“ Als wir unsere Angeln vorbereiteten, reichte Leif mir eine Fliege zum Meerforellenfischen. „Sie heißt *Polar Magnus*. Knote sie an deine Angelschnur und du musst dir über die Köderwahl keine weiteren Gedanken mehr machen.“ Aus dem Mund eines Mannes, der von 365 Tagen im Jahr 300 Tage am Wasser verbrachte, klang das ziemlich überzeugend.

Leif war beileibe nicht der Typ Guide, der mit unendlich vielen Tipps und Ratschlägen die Kunst des Meerforellenangelns von innen nach außen kehrte. Schon auf meiner ersten Reise auf die Insel hatte er mich davon überzeugt, dass meine besten Lehrer meine eigenen Erfahrungen sind. Umso überraschter und dankbarer war ich in diesem Augenblick für den ganz konkreten Ködertipp.

Beim Anknoten des Köders an die Angelschnur fiel mein Blick erneut auf das Segelboot, und mir kam eine der Fragen in den Sinn, die mich gestern beim Verlassen des Strandes bewegt hatten. Für einen kurzen Moment vergaß ich den Wunsch, erst angeln gehen zu wollen, und platzte direkt mit meiner Frage heraus.

„Kann es uns als Erwachsenen denn überhaupt gelingen, wieder an unserer inneren Reise anzuknüpfen, die wir in so jungen Jahren angebrochen haben?"

Für einen kurzen Augenblick vermutete ich, Leif hätte meine Frage nicht gehört, aber der alte Mann dachte nur nach. Plötzlich legte er seine Angelrute beiseite, nahm seinen Kaffeebecher und lud mich mit einer Handbewegung ein, ihm zu folgen: „Komm mit, ich möchte dir deine Frage gern an dem kleinen Bach beantworten!"

≈

Wir machten uns auf den Weg zu dem fröhlich plätschernden Bach in der Mitte der kleinen Bucht. Leif war auf dem Weg dorthin sichtlich bemüht, nicht allzu viel Kaffee zu verschütten. Nur einmal passte er für einen kurzen Moment nicht auf, als er, fast im Vorübergehen, einen gestrandeten Schuh aufsammelte und auf einem der größeren Steine am Strand platzierte.

Wir setzten uns auf zwei Findlinge direkt am Bach und schauten auf das fließende Wasser, das sich seinen Weg aus dem Küstenwald kommend über den Strand ins große Meer bahnte. In einem kleinen

Kolk vor unseren Füßen waren zwei erst fingerlange junge Meerforellen und ein Stichling damit beschäftigt, sich gegenseitig die besten Jagdplätze streitig zu machen. Das Wasser plätscherte friedlich über den Streit hinweg.

Auf einer kleinen Schilffläche auf der anderen Bachseite landeten zwei Libellen und breiteten ihre zerbrechlichen Flügel zum Trocknen im Wind aus. Ich musste an einen Satz aus meiner Kaugummiautomaten-Lebensphase denken, ausgesprochen von einem der Jungs hinter dem Bretterzaun: „Wenn du dreimal von einer Libelle gestochen wirst, musst du sterben!“ Jahrelang war ich immer schnell davongerannt, wenn ich irgendwo in meiner Nähe eine Libelle entdeckte. Ich hatte einfach Angst zu sterben …

„Dieser ewige Kreislauf des Wassers, das sich von der Quelle über die Bäche und Flüsse den Weg zum Meer bahnt, um von dort wieder in den Himmel aufzusteigen und irgendwann erneut die Quelle zu speisen, symbolisiert auch den ewigen Kreislauf unserer spirituellen Lebensreise“, begann Leif mit der Beantwortung meiner Frage. „Zu Beginn unseres Lebens sind wir mit unserer spirituellen Kraft verbunden, mit dem göttlichen Teil in uns selbst und mit Gott. Das ist die kraftvolle Quelle, aus der wir schöpfen. Als Kinder sind wir voller Liebe, Freude und Lebenslust. Wir tragen, ohne uns dessen besonders bewusst zu sein, die ursprüngliche Freude und Lebenskraft direkt von innen nach außen. Das Leben ist ein einziges riesiges Abenteuer!“ Versonnen blickte Leif über die Bucht hinaus auf das Meer. „Wir sind einfach glücklich!“

Mein Verstand wäre immer noch gern angeln gegangen, aber mein Herz machte sich auf eine Reise, die vor ein paar Jahrzehnten ein schleichendes Ende gefunden hatte.

Ich war schließlich nicht nur hergekommen, um wieder zu angeln, sondern vor allem, weil ich der inneren Leere auf den Grund gehen wollte, die ich trotz allem noch empfand. Und wann, wenn nicht jetzt, war die Gelegenheit dazu? Die Zeit der spirituellen Heimkehr in meinem Leben war gekommen. Jetzt!

≈

„Schau, so kannst du dir das mit dem Abbruch deiner spirituellen Reise vorstellen!“

Leif begann, mit ein paar Steinen das Wasser des kleinen Baches zu stauen. Mehr und mehr Steine legte er dem Bach in den Weg, und vor dem kleinen Damm geriet das Wasser mehr und mehr ins Stocken.

„Du meinst, ich lege mir selbst die Steine in den Weg?“

„Ja, du beginnst früh im Leben damit, deinen spirituellen Lebensfluss zu hemmen. Erinnerst du dich an die negativen Glaubenssätze von gestern?“ Leif schaute zu mir herüber und wiederholte, ohne meine Antwort abzuwarten, Satz für Satz unseres gestrigen Gesprächs: *„Nein, das tut man wirklich nicht! Das Leben ist kein Wunschkonzert! Die Nachbarn sollen Gutes denken! Lebe nicht deine Träume, sondern lebe, was dein Verstand dir sagt! Haste was, biste was! Erst die Arbeit, dann das Vergnügen! Nein, das lasse ich lieber! Ich darf nicht weinen! …“*

Mit jedem Satz, den er sprach, platzierte er einen weiteren Stein in dem Bach. „Jeder dieser negativen Glaubenssätze ist ein Stein in deinem spirituellen Staudamm.“ Leif schaute mich mit seinem klaren Blick an und fügte dem kleinen Damm weitere Steine hinzu.

Das Wasser versuchte zwar, sich quirlig neue Wege zu suchen, aber Leif schloss sie mit immer neuen Steinen. Einmal angefangen, musste er immer schneller immer mehr Steine platzieren, um das Wasser wirklich unter Kontrolle zu halten.

„Viele Menschen kennen dieses Gefühl des inneren Anstauens. Im Laufe der Jahre werden die Staudämme immer massiver und sie müssen immer mehr Kraft und Konzentration aufwenden, um das angestaute Wasser noch unter Kontrolle zu halten. Und da sie gar nicht so richtig mitbekommen haben, was da eigentlich passiert, richten sie ihr ganzes Streben immer mehr darauf, dass nur ja der Damm nicht brechen und alles in Fluss kommen darf. Neue Steine kommen hinzu: Selbstverurteilung, Frustration, Mangel, Neid, Unzufriedenheit, Krankheit, Wut, Schuldzuweisungen, Fremdbestimmung, Klagen – die Dämme der Menschen werden mehr und mehr zu Bauwerken ihrer eigenen nicht gelebten inneren Reise. Und irgendwann kommt dann der Punkt im Leben der Menschen, da existieren sie nur noch, aber sie leben nicht mehr, weil sich in ihrer äußeren Welt immer weniger wahres Glück und Lebensfreude findet. Alles ist mehr Schein als Sein und das strengt die Menschen unendlich an!“ Der alte Mann machte immer noch keine Pause beim Steinenachlegen und atmete jetzt schon ziemlich abgehackt.

„Je massiver der Staudamm im Laufe des Lebens wird, desto größer wird die Angst und Unsicherheit im eigenen Leben“, malte Leif die Konsequenzen des Staudammbauens weiter aus. „Und die Menschen reagieren auf diese Angst und Unsicherheit, indem sie sich betäuben. Die Volksdroge Alkohol ist nichts anderes als das deutlichste Lackmuspapier für den massenhaften Abbruch der inneren Reise. Der Stau der Lebensenergie ist über die Jahre immer schwerer zu ertragen, und es gibt im modernen Leben noch viele andere Möglichkeiten, diesem Druck zumindest für kurze Zeit zu entfliehen. Medikamentensucht, Drogensucht, Spielsucht, Sexsucht… Es gibt viele Methoden, um die Sinne zu benebeln, damit es nicht so wehtut!“

Ich konnte nur nicken. Es gab wirklich eine ganze Reihe von Möglichkeiten, seinem Staudammleben kurzfristig den Rücken zu kehren, um danach ernüchtert festzustellen, dass das Bauwerk immer noch da ist. Scheinbar unerschütterlich …

Leif hatte das Wasser des Bachs jetzt vollständig unter seine Kontrolle gebracht. Auf der Seite der Quelle war das Wasser zum Stillstand gekommen und auf der anderen Seite, Richtung Meer, war das Bachbett mittlerweile trockengelaufen. Dazwischen lag ein Damm aus unendlich vielen Steinen.

„Wenn ich irgendwann glaube, dass das Leben eben kein Wunschkonzert ist oder dass es besser ist, meine Träume nicht zu leben, so wie du es beim Ablegen der Steine in den Bach gesagt hast, dann sind doch die Staudammsteine nichts anderes als meine Gedanken, oder?“ Langsam wurde das Bild, das Leif da zeichnete, immer klarer für mich. „Ich baue den Staudamm mit meinen einschränkenden Gedanken und richte mein äußeres Leben danach aus. Meinen Job, meine Partnerschaften, mein alltägliches Leben wird zu einem Abbild meiner Gedankenwelt … Ich lebe ein Leben nach meinem Kopfkino!“

„Ja!“, nickte der alte Mann. „Der Staudamm besteht nur aus deinen Gedanken! Und diese Gedanken sind so mächtig, dass du damit deinen Lebensfluss völlig zum Stillstand bringen kannst.“

Leif stellte seinen Kaffeebecher auf den Staudamm und lächelte mich an.

„Jeder dieser Sätze, die im Grunde aussagen: ‚Ich kann das nicht!‘, ‚Ich darf das nicht!‘ oder ‚Ich habe das nicht verdient!‘ ist ein Stein im Damm, und wenn dort schon viele große Steine liegen, reicht manchmal ein klitzekleiner Gedanke, um sich endgültig von der Freude und dem Glück im Leben abzutrennen. Mit jedem kleinmachenden Gedanken nimmst du dir deine Lebensenergie. ‚Darf ich wirklich glücklich sein?‘, ‚Kann ich einfach tun, was mir Spaß macht?‘, ‚Kann ich das Leben wirklich einfach so genießen?‘ Diese Fragen wirklich schlicht und einfach mit Ja zu beantworten, fällt mit jedem weiteren Stein immer schwerer. Die ursprüngliche Lebensfreude und das Vertrauen in das Leben sind der Angst und der Unsicherheit gewichen."

Ich hätte in diesem Moment große Lust gehabt, einfach einen dicken Stein aus dem Staudamm zu entfernen und dem Wasser wieder die Freiheit zu schenken, aber es war nicht mein Bauwerk und es war noch nicht die Zeit dafür. Ich war einfach fassungslos, wie treffend dieses einfache und klare Bild meine Situation beschrieb.

„Der Staudamm sitzt bei uns übrigens hier drinnen in Brusthöhe!" Der alte Mann strich sich mit der rechten Hand sanft über den Oberkörper. „Schließ deine Augen, leg deine Hand auf den Brustkorb, und du kannst ihn fühlen!"

Vielleicht war mein Vorstellungsvermögen ja etwas zu ausgeprägt, denn mir wurde regelrecht ein bisschen übel, als ich tat, was Leif mir gesagt hatte. Vielleicht hätte ich den Stau in Brusthöhe ja einfach wegkotzen können, aber in das schlechte Körpergefühl mischte sich plötzlich auch ein Hauch von Freude und Dankbarkeit, dass mein schwarzes Loch nicht nur eine Bilderwelt bekommen hatte, sondern dass ein alter Mann und ein kleiner Bach gerade dabei waren, mir einen Weg herauszuweisen.

Leif trank einen Schluck Kaffee und schaute mich an. „Du hast mich gefragt, ob wir als Erwachsene wieder zu unseren staufreien Anfängen zurückkehren können." Während er meine Frage wiederholte, entfernte er einen der Steine aus dem Staudamm. Augenblicklich machte sich das aufgestaute Wasser durch das neu entstandene Schlupfloch auf den Weg zum Meer.

„Es ist eigentlich ganz einfach. Du musst nur damit beginnen, den Staudamm wieder abzubauen!" Er zwinkerte mir fröhlich zu und hielt mir einen der nassen Stausteine entgegen.

„Du siehst, dass es schon reicht, einen einzigen Stein aus dem Damm zu nehmen, um alles wieder in Fluss zu bringen. Und je mehr

Steine du entfernst, desto kräftiger wird dein Lebensfluss, und deine innere Reise geht weiter! Die Quelle hat in der Zeit, in der du am Staudamm gebaut hast, nie aufgehört zu sprudeln, und du kannst dich an jedem Punkt in deinem Leben entscheiden, ob du an deinem Staudamm weiterbaust oder ob du damit beginnst, die Steine zu entfernen und wieder wirklich zu leben. Du hast übrigens einen verlässlichen Partner an deiner Seite, der dich immer wieder aufs Neue daran erinnert, doch lieber die innere Reise wieder aufzunehmen, statt weiter am Staudamm zu bauen – es ist dein Körper." Nun strich Leif sich noch einmal liebevoll mit seiner rechten Hand über den Oberkörper.

„Dein Körper reagiert sehr sensibel darauf, ob du Staudämme baust oder ob du dein Leben fließen lässt. Der Druck, der dadurch entsteht, dass sich dein inneres Wissen von einem erfüllten und glücklichen Leben mehr und mehr in dir aufstaut, sucht in deinem Körper einen Weg, sich zu entladen und dich gleichzeitig daran zu erinnern, dass du dich wieder auf die Suche nach dem Glück und der Freude in deinem Leben machen solltest. Oder um es mit dem Bild von gestern zu beschreiben: Die Luke für die unter Deck eingesperrten Gefühle wieder zu öffnen!"

Leif wurde plötzlich untypisch konkret: „Dein Herz zum Beispiel, das aufhört, im Takt zu schlagen und dir sagen will, dass ein anderer, gesünderer Lebensrhythmus für dich bestimmt ist. Dein gesunder Schlaf, der dich fragt, was dir denn eigentlich Nacht für Nacht den Schlaf raubt und dich mit jeder schlaflosen Nacht daran erinnert, dass für dich ein ruhigeres Leben bestimmt ist. Dein Magen, der sauer reagiert, weil du nicht das lebst, was du eigentlich leben möchtest. Diese ständigen Erkältungen und Stirnhöhlenvereiterungen, weil du die Nase voll hast von einem Leben, in dem es keine Lust und Leidenschaft mehr gibt. Diese Mittelohrentzündungen, weil du die sich ewig wiederholenden Vertröstungen auf *später* und *irgendwann kommt die Zeit* nicht mehr hören kannst. Das Hämmern und der Schmerz im Kopf, weil du so voll bist mit Dingen, die du nicht willst, dass dir der Kopf zu platzen droht. Diese ständigen Rückenschmerzen, weil du dein Leben als Staudammbauer nicht mehr ertragen kannst und das Leben immer schwerer statt leichter wird. Dein Blut, das mit Hochdruck durch deine Adern gejagt wird, weil dein Leben viel zu schnell und viel zu hektisch geworden ist. Diese juckende, gereizte Haut, weil du ein Leben führst, in dem du alles in dich hineinfrisst und dein Körper *aus der Haut fahren möchte.* Dein Übergewicht, dieses physische Schutzschild, das im Laufe der Jahre mit dem Staudamm gewachsen ist, weil du durch den verlorenen inneren Halt äußerlich immer angreifbarer geworden bist. Alles, was dein Körper dir signalisiert, ist seine ganz besondere Erinnerung an dich, deine innere Reise wieder aufzunehmen!" Leif schien sich sehr sicher, wie er da auf seinem Stein am Bach saß.

„Das finde ich dann doch sehr gewagt!" Ich wollte dem Gedanken, dass sich unsere abgebrochene spirituelle Reise in Krankheiten äußert, nicht so richtig Glauben schenken.

Aber Leif ließ sich davon nicht beirren, und während er seine Gedanken weiter ausführte, entfernte er die letzten Steine seines Dammes. Man konnte dem Bach die Erleichterung förmlich ansehen.

„Natürlich nehmen die Menschen die Symptome ihres Körpers durchaus wahr, aber sie haben verlernt, ihre Botschaft richtig zu verstehen, und statt den inneren Staudamm abzubauen, laufen sie zu ihrem Hausarzt. Er soll *das mal wegmachen.* Ärzte diagnostizieren aber keine spirituellen Staudämme, sie behandeln nur körperliche Symptome. Vielleicht lassen sich die Symptome für kurze oder längere Zeit unterdrücken oder *wegmedikamentieren*, aber sie tauchen dann an derselben Stelle oder woanders wieder auf – so lange, bis du endlich anfängst, dich dem wahren Grund für all das zuzuwenden. Wirkliche Heilung geschieht nur dann, wenn du zu deiner inneren Reise zurückkehrst, das ist die Botschaft, die jede Krankheit in sich trägt. Staudammbauer sind die Lieblinge der Pharmaindustrie!", lachte Leif.

Mir war gerade nicht zum Lachen zumute, kamen mir doch einige meiner Arztbesuche in den letzten Jahren in den Sinn und in diesem Moment konnte ich tatsächlich fühlen, wie viel Wahrheit in den Worten des alten Mannes steckte. Weitere Fragen tauchten auf und gleichzeitig überfluteten die vielen neuen Erkenntnisse mein Hirn.

„Ich brauche eine Pause!", machte ich aus meinem Zustand keinen Hehl und ging zurück zum Lagerfeuerplatz, um meine Angel zu holen.

≈

An Bord des Segelbootes regte sich nun etwas. Der Mann war an Deck erschienen und setzte sich wieder an das Heck des Schiffes. Mit ihm und seinem Boot hatte gestern unsere Gedankenreise begonnen. Auf dem Weg zu der tiefen Rinne kam ich noch einmal an Leif vorbei, der immer noch auf seinem Stein am Bach saß und mir aufmunternd zunickte, als ich den Bach überquerte.

Ich nahm noch einmal die *Polar Magnus*-Fliege genauer in Augenschein. Diese schrille Fliege, die eigentlich keine war und mir gleich eine Meerforelle im Mai bescheren sollte. Der Haken war gut unter dem ganzen pinken und weißen Bindematerial aus Wolle und Federn versteckt.

Vielleicht ist es ein Vorteil, wenn der Fisch den Haken nicht gleich sieht, kam mir beim Betrachten der Fliege in den Sinn.

Dass der Haken sehr wohl im Wasser zu sehen war, bemerkte ich erst viel später, denn die Fliege offenbarte im trockenen Zustand bei Weitem nicht das, was wirklich in ihr steckte. Ins Wasser geworfen und langsam, mit kleineren Pausen herangedreht, wirkte das Ding wirklich wie ein kleines munteres Fischchen im Wasser. Dadurch, dass die Materialien sich mit Wasser vollsogen, war das Hakenversteck allerdings vollständig preisgegeben. Egal, Leif hatte mit der *Polar Magnus* Fische gefangen, und nur das zählte!

Der Einstieg ins Meer war auch vor der umgestürzten Kastanie alles andere als einfach, denn hier lagen jede Menge kugelrunder Steine herum. Zwischen den Steinen fanden sich ab und zu kleinere Sandflächen, gerade groß genug, um einen Watschuh darauf zu platzieren. Der andere Fuß hing dann noch irgendwo im Wasser und suchte die nächstgelegene Sandfläche.

Weiter draußen in der Bucht tauchte eine Eiderente nach Miesmuscheln. Sie war mir schon aufgefallen, als wir noch am Bach saßen und Staudämme gebaut hatten. Gierig schlang sie die hochgetauchten Muscheln samt Schalen hinunter und spülte jeden Happen mit etwas Salzwasser nach. Dabei sah sie sehr zufrieden aus.

Ich versuchte beim Hinauswaten, Schritt für Schritt eine der kleineren Kiesflächen zu nutzen. Wäre auch alles ganz einfach gewesen, wenn die kugelrunden Steine dazwischen nicht Kniehöhe gehabt hätten … In meinen Gedanken legte ich breite Bretter über die Steine und erfand so ganz nebenbei noch ein tragbares Laufsteggestell für Watangler. Das Gestell passte in jeden Kofferraum und war nach dem Ausklappen 25 Meter lang, mit einem einen Meter breiten, rutschfesten Laufsteg – herrlich!

Als ich später Leif von meiner Erfindung erzählte, entpuppte er sich auch als Erfinder: Er erzählte mir, dass er in Gedanken Plateau-Watschuhe entworfen hatte. Von der Optik her ungefähr so, wie sie die Gruppen ABBA und KISS in den 1970er-Jahren auf der Bühne getragen hatten, nur mit einer doppelt so hohen Sohle und wegen der rutschigen Steine mit einem Filzabschluss.

≈

Endlich erreichte ich das hüfttiefe Wasser und konnte die Rinne, von der Leif gesprochen hatte, deutlich vor mir erkennen. Der ablandige Wind schob das Wasser links und rechts der Rinne in kleineren Wellen Richtung offenes Meer. Über der Rinne bildeten sich diese Wellen nicht, hier war das Wasser zu tief.

Die Ente ließ sich nicht von mir stören und tauchte weiter eifrig nach Miesmuscheln. Ich stand im Meer und konnte endlich meine Angel auswerfen – mehr brauchte ich nicht, um mich im Moment glücklich zu fühlen!

Die *Polar Magnus* landete direkt über dem tieferen Wasser. Einen kurzen Moment nachdem die Schwimmkugel auf das Wasser geklatscht war, sprangen zwei Hornhechte aufgeregt im hohen Bogen aus dem Wasser. Sie hatten sich einfach erschreckt … Mit ein paar langsamen Kurbelumdrehungen begann ich, der Fliege Leben einzuhauchen und die Fische schienen sofort darauf reinzufallen.

Augenblicklich wurde die *Polar Magnus* attackiert und die Angelrute durchzuckte jedes Mal ein kräftiger Schlag, wenn sich ein Fisch an dem Köder verbiss. Aber die Fische blieben nicht am Haken hängen.

Nicht einer!

Das Rätsel war schnell gelöst. Es waren die liebestollen Hornhechte, die sich an der *Polar Magnus* vergriffen, und ihr langer Hornschnabel bewahrte sie davor, dass der große Haken sich in ihren

Kiefern festmachen konnte. Der Haken war schlicht und einfach zu breitschenkelig für einen so langen Schnabel.

Wie am Vortag bei den beiden gehakten Hornhechten machten sich auch jetzt bei jedem Wurf vier bis sechs Fische auf, die *Polar Magnus* bis vor meine Füße zu begleiten. Hier drehten die Fische ab und verschwanden blitzschnell wieder in der tiefen Rinne. Das Wasser war voll mit Hornhechten!

Wie um alles in der Welt soll es mir da gelingen, eine Meerforelle zu fangen? Ich empfand die Aufgabe schon jetzt als ziemlich aussichtslos. Dennoch versuchte ich alles, um an den pfeilschnellen Fischen vorbei zu angeln. Ich warf kurz aus, weit aus, drehte die Fliege noch schneller ein – alles vergebens.

Wie ich es auch anstellte, jedes Mal folgte ein Haufen neugieriger Fische dem Köder, fast so, als wollten sie mich meiner eigenen Hilflosigkeit überführen.

Trotzdem. Ich genoss es, im Meer zu stehen und den Blick zum Horizont schweifen zu lassen, und ich genoss es, endlich wieder zu angeln und irgendwann fand ich sogar Gefallen daran, den Hornhechten ein wenig die Zeit zu vertreiben. Eine Meerforelle fing ich aber nicht.

≈

Der Hunger trieb mich schließlich an Land. Ohne die Hilfe von Plateau-Watschuhen oder einem Watgestell machte ich mich auf den Weg zurück zum Strand.

„Es ist aussichtslos!“ Ich machte aus meiner Enttäuschung keinen Hehl, als ich Leif am brennenden Lagerfeuer wiedertraf. „Da draußen ist alles voll mit Hornhechten! Das Verhältnis von Meerforellen zu Hornhechten liegt wahrscheinlich bei eins zu hundert“, fasste ich die Aussichtslosigkeit der Unternehmung in Zahlen.

„Eher von eins zu vierhundert!“, kam die trockene Antwort von Leif und ich wartete auf den nächsten Satz, aber der kam nicht …

„Aber dann ist es ja noch aussichtsloser“, keuchte ich. „Wie soll es einem gelingen, zwischen vierhundert Hornhechten die EINE Meerforelle zu fangen?“ Ich war etwas fassungslos.

„Die arme Meerforelle! Sie kriegt nichts zu fressen, weil so viele Hornhechte da sind …“, begann Leif sich in die Lage der Meerforelle zu versetzen.

„Nein, so meine ich das nicht“, versuchte ich, mich zu erklären, „aber die Chance, den Fisch zu fangen, liegt doch bei eins zu vierhundert.“

„Ha! Mit solchen Gedanken werden innere Staudämme gebaut!“ Leif klatschte kurz in die Hände und spiegelte mir damit, wie meine Gedanken mein Handeln bestimmen können. „Da ist man so richtig motiviert, seinen Köder ins Meer zu werfen, oder? Weißt du, woran mich das erinnert?“

Aus Erfahrung wusste ich, dass Leif auf die Frage keine Antwort erwartete, und richtig – schon redete er weiter: „Es erinnert mich an viele Gespräche mit Menschen, die ich in ihrem Urlaub hier auf der Insel getroffen habe. Menschen, die gerade die *kleine Bucht* aufgesucht haben und die eines verbindet: Der größte Staudammstein in ihrem Leben heißt *Arbeit*. Es dauert oft keine drei Sätze, bis auch dem Letzten klar ist, dass sie ihre Arbeit nicht lieben und es eigentlich schon ganz lange nicht mehr tun. Und wenn man sie dann fragt, warum sie ihren Job denn noch machen, antworten sie immer mit den gleichen Sätzen: ‚Was soll ich denn sonst machen?‘ und: ‚Ich brauche schließlich das Geld!‘“

„Aber das ist doch in Ordnung!“, warf ich ein. „Besser, als dem Staat auf der Tasche zu liegen!“

„Stimmt!“, lachte Leif. „Das ist der dritte Satz, der dann häufig fällt! Aber wo bleibt da denn die Freude, die Lust, der Spaß am Leben? Einen Großteil unserer wertvollen Lebenszeit verbringen wir bei der Arbeit und dann soll es genügen, dass wir zumindest dem Staat nicht auf der Tasche liegen?“

Leif legte sich auf den Rücken, streckte die Beine aus und schaute in den Himmel. „Jeden Morgen mit dem Gedanken aufstehen: *Ich muss ja zur Arbeit*, statt sich tatsächlich auf eine Aufgabe zu freuen, die sie glücklich macht und erfüllt … Diese Menschen sind jeden Tag auf ihrer äußeren und inneren Reise in entgegengesetzte Richtungen unterwegs! Wie viel Selbstrespekt und Selbstliebe kann in so einer Lebenshaltung stecken?“ Laut warf Leif seine Frage in den Nachmittagshimmel.

„Das sind dann sicher auch Menschen, deren Körper längst deutliche Signale senden, den Staudamm endlich aufzulösen, oder?“ Das Bild des Staudamms war so eindringlich und klar für mich, dass ich plötzlich die neuen Zusammenhänge fassen konnte.

„Ja. Mit ihren Gedanken haben sie sich eine Welt voller Existenzangst und Unsicherheit kreiert. Wer sagt ihnen denn, dass sie keinen anderen, besseren Job finden? Wer sagt ihnen denn, dass sie finanziell untergehen? Wer sagt ihnen denn, dass sie mit einem einfacheren Job, der ihnen mehr Zeit zum Leben schenkt, nicht glücklicher wären? Sie sagen es sich jeden Tag selbst mit ihren einschränkenden Gedanken. Statt ihrem Gefühl und ihrer Lust zu folgen, bauen sie einen Staudamm. So ein Mensch wird natürlich niemals etwas in seinem Leben verändern, weil Veränderung immer im Kopf beginnt.“

Leif drehte sich auf den Bauch und schaute mich an. „Du könntest also auch komplett anders auf dein Erlebnis von eben blicken. Warum gehst du nicht da raus und sagst dir: ‚Ich fange jetzt die EINE Meerforelle!‘?“

„Ja, warum eigentlich nicht?“, fragte ich mich leise.

„Dein Wille und dein Glauben an dich selbst, das ist das Handwerkszeug, um unter zweihundertfünfzig Bewerbern den einen Job zu kriegen oder daran festzuhalten, dass das eigene Manuskript als einziges unter Tausenden irgendwann zwischen zwei Buchdeckeln landet, der eigene Song tatsächlich eines Tages im Radio gespielt wird oder du mit deinen Talenten Glück und Erfüllung bei einem wertschätzenden Arbeitgeber oder in der Selbstständigkeit findest. Wenn du Dinge tust, tu sie in dem festen Glauben daran, dass du Erfolg haben wirst, sonst brauchst du gar nicht erst da rauszugehen.“ Leif schaute auf die tiefe Rinne vor dem Kastanienbaum.

„Wenn du daran glaubst, dass es funktioniert, verändert sich dein Verhalten, weil du plötzlich bereit bist, neue Dinge auszuprobieren.“ Nun kam Leif zurück auf meine Meerforelle. „Du versuchst, die Meerforelle vielleicht nachts zu fangen, weil du hoffst, dass die anderen Fische dann schlafen, oder du angelst dich durch die Hornhechte hindurch … Sollte ein Hornhecht an deinem Haken hängen bleiben, setzt du ihn behutsam zurück und wirfst die Rute erneut aus, in der Hoffnung, dass der nächste Fisch die EINE Meerforelle ist. Du vertraust darauf, dass dieser eine Fisch besondere Fähigkeiten hat, weil er unter vierhundert anderen Fischen überlebt hat. Und diese Besonderheit wird ihn an deinen Haken bringen. Du schaust dir den Strand noch intensiver und genauer an, um den Fisch klarer zu lokalisieren.“ Beispiel auf Beispiel brachte Leif, wie man so eine Situation mit frischen Ideen und voller Kreativität angehen kann.

„Alles schön und gut“, entgegnete ich, „aber was ist, wenn ich die Meerforelle am Ende trotzdem nicht fange?“

„Dann hast du auf dem Weg jede Menge Erfahrungen gemacht, die wahrscheinlich viel wertvoller sind als der Fang selbst!“, brachte Leif es auf den Punkt. „Aber diese tiefen Erfahrungen wirst du nur machen, wenn du dich den Dingen wirklich mit ganzem Willen und positiven Gedanken zuwendest!“ Er wandte sich von mir ab und legte noch etwas Feuerholz nach. „Ach, und übrigens: Es gibt viele, viele Angler, die hier im Mai Meerforellen gefangen haben!“ Da sprach der alte Guide offensichtlich aus Erfahrung.

„Vielleicht waren ihre Fänge ja auch nur Zufall?“, orakelte ich.

„Dir fällt nur etwas zu, wenn du die innere Bereitschaft mitbringst, die Dinge auch zu empfangen!“ Leif wich nicht von seinem Kurs ab. „Wenn du dein Denken änderst, wirst du feststellen, wie sich nicht nur deine innere, sondern auch deine äußere Welt wandelt. Alles verändert sich, weil die Dinge nur dann zu dir kommen, wenn du bereit bist, dein Glück in die eigenen Hände zu nehmen. Plötzlich öffnen sich völlig neue Türen, treten neue Menschen und Situationen in dein Leben, die sich so lange vor dir verschlossen haben, wie du selbst am Staudamm festgehalten hast. Wie soll jemand, der glaubt: *Wer morgens pfeift, den holt abends die Katze*, morgens ein fröhliches Lied pfeifen? Aber was glaubst du, wie dieser Mensch sich fühlt, wenn er das Lied einfach fröhlich und mutig pfeift und feststellt, dass er abends immer noch da ist? Er hat die wunderbare Erfahrung gemacht, dass er selbst seines Glückes Schmied ist und dass es nur seine blockierten Gedanken waren, die ihn davon abgehalten haben, seiner Lust zu folgen und sein Glück selbst in die Hände zu nehmen.“

„Stimmt!“, lachte ich. „Wer die ganze Zeit den Spatz in den Händen hält, der hat die Hände nicht für dicke Tauben frei!“

Leif drehte sich wieder auf den Rücken, schaute zum Himmel und pfiff die Melodie zu *Always look on the bright side of life* … von Monty Phyton.

Passt!, dachte ich und kümmerte mich um das Lagerfeuer.

Als das Feuer entfacht war, tranken wir Kaffee und aßen unsere geschmierten Brote. Das Meer lag immer noch ruhig da. Der Wind hatte zwar in der letzten Stunde ein wenig zugenommen, er war aber noch weit davon entfernt, ein Sturm zu sein.

„Das Bild mit dem Bach, der Quelle und dem Staudamm hilft mir wirklich weiter!" Ich schaute zu Leif hinüber, dem es sichtlich gefiel, dass diese Bilder begonnen hatten, in mir zu arbeiten.

„Ja, es ist ein ganz wunderbares Bild. Und es ist nur der erste Teil der Reise, den das Wasser unternimmt." Mit einem Nicken blickte Leif zu dem kleinen Bach herüber.

„Es ist nicht nur so, dass die Quelle den Bach speist und der Bach sich auf die Reise zum Meer macht", begann Leif, unsere Erkenntnisse vom Vormittag noch einmal zusammenzufassen. „Im Meer angekommen verschmelzen die Wasser miteinander und bilden ein großes Ganzes. Und irgendwann kommt dann die Zeit, da steigt das Wasser zum Himmel auf. Dunst und Nebelschwaden kennzeichnen diese Reise aus dem großen Meer in den Himmel. Vom Wind getragen reist das Wasser über die Erde, bis die Zeit gekommen ist, als warmer Frühlingsregen auf die Erde zurückzukehren und die Quellen der Bäche von Neuem zu speisen. Es ist ein immerwährender Kreislauf!"

„Oder als kalter Herbstschauer!", lachte ich und ahnte in diesem Augenblick schon, worauf der alte Mann hinauswollte. Aber es gab für mich noch andere Fragen, die gestern am Strand liegen geblieben waren, und ich wollte auf dem Weg, die Löcher ohne festen Boden in Worte und Bilder zu fassen, nicht auf eine innere Überholspur geraten. Die Fragen drehten sich immer noch um den Staudamm.

„Auf meine Frage, wie ich wieder den Zugang zu meiner Quelle finden kann, hast du gesagt: Es ist ganz einfach, du musst nur damit beginnen, die Steine aus dem Staudamm zu entfernen!“

„Das setzt allerdings voraus, dass du anerkennst, dass du der Baumeister und Erschaffer deines inneren Staudammes bist“, nahm Leif meinen Gedanken auf. „Niemand sonst trägt die Verantwortung dafür. Nicht deine Urgroßeltern, Großeltern, Eltern, Lehrer, Erzieher oder sonst irgendwer, der dir bisher auf deiner äußeren Reise im Leben begegnet ist. *Du selbst* bist es gewesen, der sich für ein Leben als Staudammbauer entschieden hat. Diese Voraussetzung ist deshalb so wichtig, weil mit ihr die Erkenntnis einhergeht, dass nur du selbst es bist, der diesen Staudamm auch wieder auflösen kann. Das, was du in deinem Inneren verloren hast, kannst du auch nur in deinem Innern wiederfinden! Dich wird und kann niemand von außen retten, du musst dich am Ende selbst dafür entscheiden, deine spirituelle Reise wieder aufzunehmen!“

Während Leif noch sprach, stand er auf und ging Richtung Bachlauf. Er blieb an dem Findling stehen, auf den er am Vormittag im Vorübergehen den gestrandeten Schuh platziert hatte, und kehrte mitsamt dem Schuh zum Lagerfeuerplatz zurück.

Ich hatte nicht die leiseste Ahnung, was der alte Mann im Schilde führte, aber er war auf seine ganz eigene Art und Weise immer für eine Überraschung gut.

„Morgen möchte ich dir gerne etwas über gestrandete Schuhe erzählen!“ Leif lächelte mich an und stellte den Schuh an das Feuer. „Für heute hat dein Innenblick genug Rückenwind bekommen.“ Er nahm seine Angel und ging ans Meer.

≈

SIMMS
SIMMS

Ich nahm ebenfalls meine Angelrute, ohne unbedingt die eine Meerforelle fangen zu wollen, und watete wieder hinaus zu dem Platz, in dessen Nähe immer noch eine Eiderente eifrig nach Miesmuscheln tauchte.

Jetzt fiel mir der Hindernislauf über die vielen Steine schon leichter und statt nur auf mein Waten konzentriert zu sein, schaute ich mir auch die Kiesflächen zwischen den Findlingen genauer an. Dabei entdeckte ich eine Vielzahl von kleinen Flundern, gerade einmal so groß wie Zwei-Euro-Stücke, die perfekt getarnt platt auf dem Kieselgrund lagen. Der Flachwasserbereich war ihre Kinderstube, und erst wenn sie etwa handtellergroß waren, trauten sie sich hinaus auf das offene Meer.

Es war einfach nur schön, im Meer zu stehen, und ich warf meine Küstenfliege schwungvoll Richtung Abendhimmel. Erst nach ein paar Würfen stellte ich fest, dass die Hornhechte offenbar nicht mehr unterhalten werden wollten. Wurf um Wurf passierte nichts. Wo waren die vielen Fische so plötzlich geblieben?

Statt nach einer Antwort zu suchen, sog ich die abendliche Stimmung am Meer auf. Das langsam schwindende Licht am Horizont und die Rückkehr einzelner kleiner Kormoranschwärme zu ihren Schlafbäumen kündigten die herannahende Nacht an. Ab und zu schwamm ein kleiner Tangläufer auf der Suche nach dem nächsten Versteck aufgeregt durch das Wasser.

Irgendwann ging der Mann auf dem Segelboot unter Deck und auch wir verließen kurze Zeit später in Stille den Strand.

Der dritte Tag:

Gestrandete Schuhe

*Bevor du über einen Menschen urteilst,
gehe drei Monde in seinen Mokassins.*

Indianische Weisheit

Der neue Tag begann wieder zu einer gemäßigten Zeit und nach zwei Tagen am Meer kehrte meine innere Ruhe mehr und mehr zurück.

Die Sandbank vor dem Ferienhaus ragte immer noch aus dem Wasser und wenn Leif denn recht damit hatte, dass ein ordentlicher Sturm auf dem Weg zur Insel war, musste der wohl wirklich sehr ordentlich sein, denn was für eine Kraft gehörte dazu, so viel Wasser so weit wegzuschieben!

Leif hatte mir am Vortag erzählt, dass die Kraft und Wucht der Stürme von Jahr zu Jahr zunimmt. „Das Wasser steigt jedes Jahr um drei Zentimeter. Das ist viel neue Wassermasse, die da in den Stürmen in Bewegung gerät!“, sagte er. „Die ewigen Gletscher sind keine ewigen Gletscher mehr und die Menschen an den Küsten werden es mehr und mehr zu spüren bekommen.“

Als wir an diesem Morgen den Strand erreichten, stand der gestrandete Schuh immer noch am Lagerfeuerplatz und ich war sehr gespannt auf die Geschichte, die er verbarg. Ein kleiner Vogel hatte sich den Schuh über Nacht ganz genau angesehen. Unzählige aufgeregte Trippelspuren rahmten das Fundstück ein.

≈

„Was ist das für eine Geschichte mit den gestrandeten Schuhen?“, fragte ich Leif, als wir wenig später in Ruhe unseren Morgenkaffee tranken.

„In jedem Schuh steckt die Geschichte, dass die Versöhnung mit den Menschen, die dich auf deiner äußeren Lebensreise begleitet haben, der erste große Schritt ist, deinen Staudamm wieder aufzulösen.“ Damit nahm Leif den gestrandeten Schuh in die Hand. „Alle

Vorwürfe, die du deinen Großeltern, Eltern, Lehrern oder anderen prägenden Menschen machst, ändern nichts daran, dass nur du selbst für den Bau deines inneren Staudammes verantwortlich bist."

„Du sprichst von der Versöhnung mit den Menschen, denen man voller Wut und Enttäuschung um die Ohren haut, dass sie einem die eigene spirituelle Reise zugeschüttet haben?", wollte ich es noch einmal ganz genau wissen.

„Genau! In jedem Schuh steckt das Wissen, dass der erste Schritt zurück in ein glückliches und spirituelles Leben die Versöhnung mit unserer Vergangenheit ist", sagte Leif und hielt dabei den Schuh in die Luft.

„Immer wieder finde ich Schuhe am Strand: Frauenschuhe, Sandalen, Kinderschuhe, Turnschuhe, Männerschuhe, Wanderschuhe, es ist alles an Modellen dabei – vom italienischen Designerstück bis zum Billigschuh aus dem Schuh-Discounter", erzählte Leif von seinen Fundstücken. „Die meisten Schuhe stranden an der Südküste. Das ist auch kein Wunder, denn dort ist das Stranden viel einfacher als an den schroffen Felsen der Nord- oder Ostküste der Insel, wo sich nur einzelne kleine Sandbuchten finden. Die Südküste ist dagegen eine einzige Schuhlanderampe", schmunzelte Leif. „Allein in diesem Jahr habe ich dort nach Stürmen schon achtundzwanzig Schuhe aufgesammelt. Alles Einzelstücke, es war nicht ein einziges Paar dabei, und achtzig Prozent der gestrandeten Schuhe sind linke Schuhe. Warum verlieren die Menschen wohl so viel mehr linke als rechte Schuhe?" Damit schaute Leif mich fragend an.

„Hmmm … keine Ahnung!" Ich schaute ratlos zurück.

„Das ist doch interessant, oder?" Den alten Mann schien diese Frage anscheinend schon länger zu bewegen. „Ich habe das immer wieder auch in meinem Freundes- und Bekanntenkreis gefragt: *Was glaubst du, verlieren die Menschen mehr rechte oder mehr linke*

Schuhe? Der weitaus größte Teil der Menschen antwortete spontan: *linke Schuhe*!"

Und jetzt hielt Leif noch einmal seinen neuesten Fund in die Luft: Es war ein *linker* Herren-Lederschuh!

„Es gibt also in den Menschen so einen intuitiven ersten Impuls, der sie spüren lässt, dass die Gefahr, seinen linken Schuh zu verlieren, weitaus größer ist als beim rechten Schuh", zog Leif ein kurzes Zwischenfazit. „Aber warum das in der Praxis auch tatsächlich so ist, darauf habe ich bis heute noch keine Antwort gefunden. Es wird wohl ein ewiges Rätsel bleiben!" Mit einem forschenden Blick auf seinen neuesten Fund lachte Leif auf und offenbarte im nächsten Moment eine echte Überraschung.

„Seit fünf Jahren arbeite ich daran, eine Ausstellung mit dem Titel *Stranded Shoes* vorzubereiten. Ich habe bereits über hundertfünfzig gestrandete Schuhe fotografiert und archiviert. Die Idee ist es, hundert dieser Fotos als Collage an eine riesige Wand zu projizieren und im Vordergrund der Projektion ein paar Original-Fundstücke auszustellen", umriss Leif seine Ausstellungspläne.

„Das ist wirklich eine originelle Idee!" Ich konnte die Riesencollage schon vor meinem geistigen Auge sehen.

„Als ich im Freundeskreis von der Idee erzählte, löste das bei den Frauen und Männern ganz unterschiedliche Reaktionen aus", wusste Leif auch schon von ersten Reaktionen zu berichten. „Der überwiegende Teil der Frauen vermutete in den gestrandeten Schuhen noch Fußreste. Für die meisten von ihnen war völlig klar, dass die Schuhe von Wasserleichen stammten. Die Männer hingegen entpuppten sich eher als Geschichtenerzähler. Sie erfanden die skurrilsten und abenteuerlichsten Geschichten, wie dieser oder jener Schuh vom Fuß seiner Besitzerin oder seines Besitzers ins Meer gelangen konnte."

Leif wies noch einmal auf sein jüngstes Fundstück. „Schau dir diesen Schuh einen Augenblick lang an und du wirst feststellen, dass er dir eine Geschichte erzählt. Es beginnt zunächst mit ein paar Fragen, die dir in den Sinn kommen." Ich konnte Leif die Begeisterung für das Thema förmlich abspüren.

„Wem gehörte der Schuh? Was hat der Mensch am Meer gemacht? Wie kam es dazu, dass der Schuh ins Meer fiel? Was ist mit dem zweiten Schuh passiert? Wie lange trieb der Schuh auf dem Meer und welche Strecke hat er zurückgelegt? Und dann entsteht Stück für Stück eine Geschichte in deinem Kopf. Eine Geschichte, die zu dem Schuh passt", malte er seine Idee weiter aus. „Klar, es ist eine Frage der Wahrnehmung und deiner Fantasie, ob du aus so einem Strandfund eine Geschichte entwickelst oder eben nicht – aber es gibt kaum etwas anderes, das sich so sehr für Empathie-Übungen eignet wie Schuhe!"

„Empathie-Übungen?"

Leif erzählte von einem Seminar, das er vor vielen Jahren besucht hatte. „Eine Übung an dem Wochenende war es", erinnerte er sich, „mit geschlossenen Augen fünfzehn Minuten lang in den Schuhen eines anderen Teilnehmers durch einen großen Saal zu gehen. Das war wahrhaftig eine der größten Übungen in Sachen Empathie, die ich je erlebt habe", berichtete Leif, immer noch sichtlich bewegt, „weil es nach dem Gang durch den Saal nur einen ersten tief gefühlten Impuls gab: Die Schuhbesitzerin oder den Schuhbesitzer liebevoll in die Arme zu schließen und ihm oder ihr mit aller Herzenswärme zu begegnen! Die Schuhe waren der Türöffner in das Leben des anderen Menschen, weil man den spirituellen Staudamm des anderen und das Zeitfenster, in dem er entstanden war, förmlich *fühlen* konnte. Die meisten hatten ihre spirituelle Reise in jungen Jahren aufgegeben."

Er musste mir meine Gedanken an Käsegeruch und Fußpilz angesehen haben, denn Leif runzelte die Stirn und blickte mich fragend an. „Wie würde es sich anfühlen, ein Stück Wegstrecke in den Schuhen deiner Mutter, deines Vaters, deiner Partnerin, deines Nachbarn oder deines Chefs zu gehen?“ Er ließ seinen durchbohrenden Blick auf mir ruhen und fuhr doch ruhig in seinen Gedanken fort.

„Jeder Schuh erzählt die Geschichte eines bis dahin gelebten Lebens, mit all seinen Höhen und Tiefen. Und jeder Schuh trägt die Erinnerung in sich, dass die größte und die versöhnlichste Kraft in unserem Leben die Liebe ist. Die Verbitterung und die Wut über ein nicht gelebtes spirituelles Leben steckt in unseren Staudämmen, nicht in unseren Herzen! Die Versöhnung mit unseren bisherigen Wegbegleitern ist deshalb der erste wichtige Schritt, weil es gleichzeitig bedeutet, wieder die Verantwortung für das eigene Leben zu übernehmen.“

Damit kehrte Leif an den Beginn der Geschichte zurück. „Es sind die ersten Steine, die wir aus unserem inneren Staudamm entfernen können, weil die jahrelangen Schuldzuweisungen uns gelähmt haben. Jemandem etwas nachzutragen ist ganz schön anstrengend. Und es führt nur in die Verbitterung und in den Groll. Und im Herzen wissen wir das auch.“

≈

Plötzlich tauchte der Mann an Deck des Segelboots auf. Er setzte sich, wie an den vorherigen Tagen auch, an den Bug und schaute mit baumelnden Beinen zum Horizont.

„Wie alt schätzt du den Mann auf dem Boot?“, fragte ich Leif mit einem Blick auf das Segelboot.

„Vierzig, vielleicht fünfundvierzig. Auf alle Fälle in dem Alter, in dem viele Menschen ihre innere Reise im Leben wieder aufnehmen!" Leif begann, mit seinem Messer Späne von einem Treibholzbrett zu schnitzen.

„In dieser Zeit kommt eine Phase im Leben vieler Menschen, in der sie zu fühlen beginnen, dass sie ihre Erfüllung und ihr Glück im Leben nicht auf der äußeren Reise gefunden haben und auch nicht finden werden. Sie haben einen guten Job, eine gescheiterte Ehe, ein Haus, zwei teure Autos, eine Lebensversicherung, ein Kind halbwegs großgezogen und alle Erwartungen ihrer Elterngeneration erfüllt, aber sie selbst sind nicht erfüllt und sie sind nicht glücklich. Dazu kommen die ersten ernsthaften körperlichen oder psychischen Symptome ihres Staudamm-Lebens. Unausweichlich kommt vielen Menschen in dieser Phase ihres Lebens die Erkenntnis, dass sie in ihrem Leben etwas ändern müssen. Sie sind einfach erschöpft und müde vom Staudammbauen. Sie fühlen sich leer, und diese Leere ist nichts anderes als eine spirituelle Mangelerscheinung. Die am weitesten verbreitete Mangelerscheinung in den westlichen Kulturen."

Ich musste ihm recht geben, denn dieses Phänomen kannte ich nicht nur von mir selbst, sondern auch von vielen Freunden und Bekannten. „Ist es nicht auch das Gefühl, dass die innere und äußere Reise im Leben absolut nicht zusammenpassen, nicht übereinstimmen, das Gefühl, irgendwie im falschen Film unterwegs zu sein?" Tiefer und tiefer konnte ich das Bild des Staudammes greifen.

„Ja, aber was die Menschen nicht verlieren, ist die Ahnung, dass das Leben mehr für sie bereithält als den bloßen Existenzkampf, gemessen an Kontoständen und Krankenakten."

Leif legte sein Messer aus den Händen und begann, am Strand nach Steinen zu suchen. Er ließ sich viel Zeit bei seiner Suche und es schien fast so, als würde er mit den Steinen sprechen. Als er mit fünf auserlesenen Steinen zurück an den Lagerfeuerplatz kam, hatte ich inzwischen für ein wärmendes Feuer gesorgt. Schon auf meiner ersten Reise hatte ich erfahren, wie gerne er sein Wissen in die Strandsteine legte, und ich freute mich schon darauf, wieder etwas davon zu erfahren.

Er legte die Steine kreisförmig in den Sand und dann noch einen Stein in die Mitte des Kreises.

„Dieses Rad beschreibt unsere Lebensreise", nahm er meinen Gedanken wieder auf und deutete auf den ersten Stein im Rad. „Im Osten des Rades liegt der Stein der Kindheit. Im Tagesrhythmus ist es die Himmelsrichtung des Sonnenaufgangs und im Jahresrhythmus der Frühling. Im Süden liegt der Stein des Erwachsenseins. Im Tagesrhythmus ist es die Himmelsrichtung des Sonnenhöchststandes und im Jahresrhythmus ist es der Sommer. Im Westen liegt der Stein des Alters. Im Tagesrhythmus ist es die Himmelsrichtung des Sonnenunterganges und im Jahresrhythmus ist es der Herbst."

Ich war etwas verwirrt. Wenn das Alter nun schon „abgehakt" war, was war denn die vierte Himmelsrichtung? Doch wie immer hatte Leif die Sache gut durchdacht und war für eine Überraschung gut. „Im Norden haben wir den Himmel. Im Tagesrhythmus ist es die Himmelsrichtung des Nachthimmels und im Jahresrhythmus der Winter. Und der Stein in der Mitte symbolisiert deinen göttlichen Kern oder die Quelle, die immer sprudelt", schloss Leif seine Beschreibung des Rads.

Mir lagen zwar schon jetzt tausend Fragen auf der Zunge, aber ich hatte gelernt, nicht mehr alles sofort wissen zu müssen, sondern dem alten Mann die Zeit zu geben, um in Ruhe seine Gedanken zu entfalten. Zu gegebener Zeit würde ich meine Antworten schon bekommen.

„Die innere Reise des Lebens läuft auf der Innenbahn und die äußere Reise auf der Außenbahn des Rades. Sie dauert von der Geburt bis zu deinem Tod. Hier im Süden, fast schon auf dem Übergang zum Westen, besinnen sich viele Menschen wieder darauf, dass das Leben nicht nur im Außen stattfindet!“ Leif nickte zu dem Steinkreis hin.

„Das finde ich ein sehr schönes Bild!“, sagte ich mit einem versonnenen Blick auf den Steinkreis. Das Bild vom Leben als Kreislauf gefiel mir und es war beeindruckend klar, dass es in dem Kreis eine innere und eine äußere Reise gab.

„Also, unsere innere Reise ist die Reise des Fühlens und die äußere Reise ist das, was wir tun“, wiederholte Leif noch einmal unsere Erkenntnisse des ersten Tages. Doch wir kamen nicht dazu, das Thema an dieser Stelle weiter zu vertiefen, denn völlig unvorhergesehen stand er plötzlich auf.

„Gehst du jetzt angeln?“, fragte ich etwas überrascht, denn ich hatte über unserer spannenden Unterhaltung die Fische in der Bucht fast völlig vergessen.

„Nein, du!“ Leif sah mich mit einem breiten Lächeln an. „Unsere innere Reise können wir zur jeder Zeit an jedem Ort fortsetzen, aber die Meerforellen da hinten sind vielleicht in einer Viertelstunde wieder verschwunden!“

Meerforellen? Ich hatte nicht mal mitbekommen, dass es hier Meerforellen zu angeln gab ...

„Manche Chancen gibt es vielleicht nur einmal im Leben! Der Steinkreis liegt nachher auch noch da!“ Mit einer Kopfbewegung machte er mir klar, wo es hinging: „Nimm deine Rute, wir gehen dort hinter dem großen Findling angeln!“

Er deutete auf einen mächtigen Stein, der nur ein kurzes Stück von unserem Lagerfeuerplatz entfernt an der Strandkante lag. Auch an seinen Außenseiten hingen unzählige Algen herab und warteten darauf, dass das Wasser endlich zurückkam. Doch bevor wir tatsächlich aufbrachen, zeigte Leif mir noch etwas.

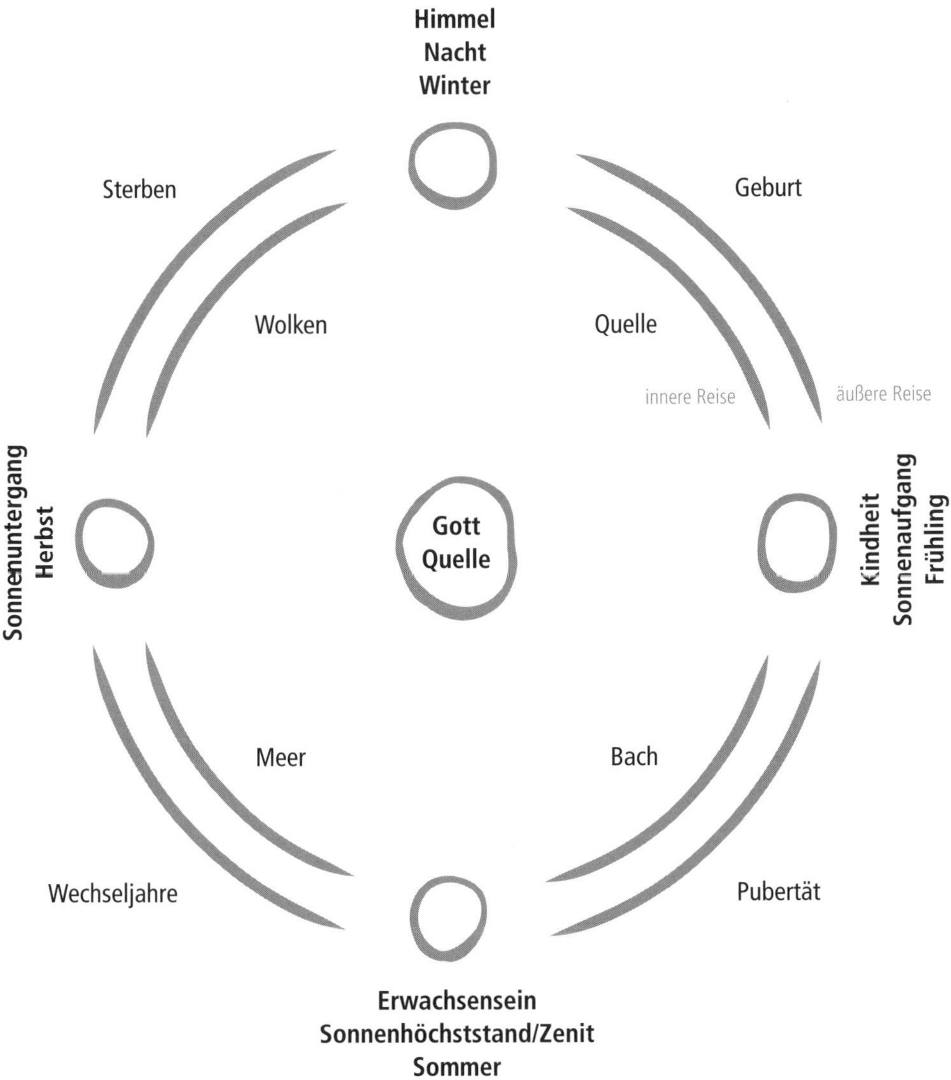
Himmel
Nacht
Winter
Sterben
Geburt
Wolken
Quelle
innere Reise
äußere Reise
Sonnenuntergang
Herbst
Gott
Quelle
Kindheit
Sonnenaufgang
Frühling
Meer
Bach
Wechseljahre
Pubertät
Erwachsensein
Sonnenhöchststand/Zenit
Sommer

„Siehst du den dunklen Streifen im Wasser, dort, direkt vor dem Stein? Das ist ein breiter Seegrasstreifen und dahinter folgt im Anschluss eine Sandbank mit flacherem Wasser."

Direkt am Übergang vom Seegras zur Sandbank sprangen immer wieder kleine Fische aus dem Wasser. Sie waren offensichtlich auf der Flucht.

„Es sind Tobiasfische!", sagte Leif. Er wusste das wohl aus Erfahrung, denn auf die Entfernung war es vielleicht möglich, eine Meerforelle von einem Hornhecht zu unterscheiden, aber Tobiasfische als solche zu erkennen war schon fast ein Ding der Unmöglichkeit.

Und dann wurde plötzlich ganz klar, worum es eigentlich ging: Eine dicke Meerforelle tauchte aus dem Seegras auf und drehte sich von unten in den Tobiasfischschwarm. Für einen Moment kochte das Wasser, als die Tobiasfische in Panik davonstoben. Einer von ihnen verschwand wahrscheinlich gerade im Schlund des Räubers.

„Es sind mindestens vier oder fünf Meerforellen!", war sich Leif sicher und einen Augenblick später sah ich auch die anderen Räuber.

Es verschlug mir fast die Sprache: Die Raubfische verfolgten tatsächlich einen gemeinsamen Plan. Sie umzingelten ihre Beute und trieben sie immer wieder auf die flache Sandbank zu. In ihrer Verzweiflung darüber, den Räubern über dem hellen Sand schutzlos ausgeliefert zu sein, sprangen die Tobiasfische aus dem Wasser.

Langsam näherten wir uns dem großen Stein.

„Geh nicht ins Wasser, sondern wirf die Fische vom Ufer aus an!" Leif hatte sich anscheinend längst einen Plan zurechtgelegt, wie ich eine von den Meerforellen an den Haken bekommen sollte. „Du wirfst deine Montage bis auf die Sandbank aus und dann drehst du die Fliege mit hoher Geschwindigkeit wieder ein! Und justier deine Rollenbremse richtig, denn der Ruck an der Rute wird recht brachial sein!", endete die Regieanweisung des alten Mannes für das Spektakel „Daniel fängt eine Mai-Meerforelle".

„Du wirst nur einen Fisch haken können, denn der Kampf wird so viel Chaos auslösen, dass sich alle anderen Fische sofort aus dem Staub machen. Der Fisch attackiert deine Fliege vermutlich auf dem Übergang von der Sandbank zum Seegras!", erzählte Leif die Geschichte schon mal zu Ende, und ich fragte mich kurzzeitig, ob sich das, was passieren würde, wirklich so einfach vorhersehen ließ.

Dem Gedanken konnte ich aber nicht weiter nachgehen, denn das Jagdfieber hatte mich gepackt und überdeckte alles. Jetzt bloß nichts verbocken!

„Was ist mit dir?", fragte ich noch. „Willst du nicht auch einen Wurf machen?"

„Wir haben nur *den* einen Wurf!" Leif setzte sein schelmisches Lächeln auf und fügte noch trocken hinzu: „Und ich habe keine Lust, heute Abend wieder nur geschmierte Brote zu essen!"

Die Fische ahnten nichts von unserem Plan. Sie trieben weiter ihr munteres Spielchen um Leben und Tod. Vom Stein waren es vielleicht 40 Meter bis zur Sandbank und meine Montage flog in einem eleganten Bogen über die Fische hinweg. Mit einem dumpfen Platschen landete zuerst die Wasserkugel über der Sandbank und dann, drei Meter dahinter und weitaus sanfter, die *Polar Magnus*.

„*Schnell drehen*!", murmelte ich vor mich hin, da war die Angelrute auch schon im Halbkreis gekrümmt.

Es war wirklich der Biss eines Fisches im Fressrausch, aber ich war ja bestens vorbereitet. Die Regieanweisung stimmte. Am Strand spuckte die Meerforelle zwei frisch gefangene Tobiasfische wieder aus. Für den einen der beiden ging das Leben weiter, der andere starb.

„Nix da geschmierte Brote", triumphierte ich, „heute gibt es gegrillte Meerforelle!"

Meine Freude über diesen tollen Fisch reichte bis in die letzte Zelle, und wenn es tatsächlich innere Staudämme gab, und daran hegte ja eigentlich nur mein Verstand zwischenzeitlich immer mal wieder Zweifel, konnte man sie mit solchen Glücksmomenten zur völligen Auflösung bringen. Zumindest kurzfristig …

Ich nahm den Fisch gleich am Wasser aus und filetierte ihn. Die beiden kräftigen Fleischstücke nahm ich mit zu unserem Strandlager und legte sie neben dem Feuerplatz auf den Grillrost.

Und es kam, wie Leif es vorausgesagt hatte: Über dem Seegrasstreifen war Ruhe eingekehrt. Die anderen Fische waren im tiefen Wasser der Bucht verschwunden.

„Irre, was für eine Aktion!“ Ich spürte, wie jetzt erst langsam das Adrenalin wieder aus meinen Adern wich.

„Das war sehr gekonnt!“, strahlte mich mein zufriedener Guide an und ich hatte, so ganz unverhofft, eine Meerforelle im Mai gefangen.

Ich nahm meine Thermoskanne und eine Packung Schokoladenkekse aus dem Rucksack und bedankte mich mit einem frischen Becher Kaffee und zwei Keksen bei dem alten Mann und seiner scharfen Wahrnehmung.

„Das ist das Wunderbare an unserer inneren Reise und unserer göttlichen Quelle“, nahm Leif den Faden wieder auf, um gedanklich an unseren Steinkreis zurückzukehren. „Wir haben wirklich jederzeit und an jedem Ort die Möglichkeit, uns wieder darauf zu besinnen. Es ist nicht so eine einmalige Sache, wie sie uns oft auf der äußeren Reise im Leben begegnet – so wie dir eben. Die Meerforellen wären irgendwann wieder verschwunden gewesen, aber du hast die Gelegenheit genutzt. Unsere spirituelle Reise kennt das Motto *Jetzt oder Nie!* nicht. Es gibt zwar auch bei unserer inneren Reise verpasste Gelegenheiten, aber das ist nicht schlimm – da sie ein Teil von uns selbst ist, tragen wir sie immer in uns und können jederzeit darauf zurückkommen. Und das ist eigentlich das größte Geschenk unseres Lebens!"

Das stimmt wohl, dachte ich im Stillen, *und wir haben jeden Moment im Leben die Chance, unsere kleinmachenden, einschränkenden Gedanken aufzugeben, den Staudamm wieder einzureißen und das Geschenk – ein erfülltes und glückliches Leben – wieder anzunehmen.*

Wenn es einen Gott gibt, der es gut mit uns meint, tut ihm wahrscheinlich jeder Tag weh, an dem wir morgens kein Lied pfeifen. Und wir pfeifen nicht, weil unser Kopfkino uns dann das Ende prophezeit. Statt das Leben fröhlich zu umarmen, erzählen wir uns Horrorgeschichten. Es ist unsere Wahl, jeder Gedanke …

„Könnte es sein, dass viele Menschen im mittleren Alter deshalb wieder eine größere Sehnsucht nach Spiritualität verspüren, weil die Begrenztheit ihrer äußeren Reise unweigerlich mehr und mehr in ihren Fokus gerät?", kehrte ich ebenfalls mit meiner Überlegung in den Steinkreis zurück.

„Das ist ganz bestimmt so!" Leif wies auf den Stein im Westen des Steinkreises. „Wenn man alte Menschen, die kurz vor dem Übergang in den Nachthimmel stehen, fragt, was sie ändern würden, wenn sie mit der Erfahrung ihres ganzen Lebens noch einmal von vorne beginnen könnten, sind ihre Antworten und Erkenntnisse immer dieselben: Sie würden weniger arbeiten. Sie würden viel mutiger ihrem Herzen folgen und ihre Träume leben. Sie wären achtsamer mit sich selbst, achtsamer in ihren Partnerschaften und achtsamer mit ihren Kindern und Freunden. Kurz und gut!", zog Leif einen gedanklichen Doppelpunkt: „Sie wären viel intensiver auch auf ihrer inneren Reise unterwegs gewesen. Doch so bleibt ihnen am Ende oftmals das Gefühl, nicht wirklich gelebt zu haben!"

„Welch bittere Erkenntnis! Und eigentlich haben wir das alles doch ursprünglich mit auf unsere Lebensreise gebracht!" Mein Blick schweifte in den Osten des Steinkreises in die Zeit, bevor die meisten Staudämme entstehen.

„Das stimmt wohl und deshalb ist die Wiederaufnahme ihrer spirituellen Reise im Erwachsenenalter für viele Menschen auch eine Art Wiedergeburt. Es ist die Entdeckung, dass man sich ein Leben kreieren kann, in dem die äußere und innere Reise in harmonischen Bahnen verlaufen und das eigene Herzenswissen, ein glückliches Leben zu leben, seine Erfüllung in der äußeren Welt findet: im Job, in der Partnerschaft, in unserer Beziehung zu unseren Kindern und Freunden, unserer Verbindung zu Mutter Erde und letztendlich zu uns selbst. Das ist die Botschaft der Alten, der Weisen und Storyteller im Westen des Rades an die anderen Generationen im Stamm: Lebe ein fröhliches, selbstbestimmtes und erfülltes Leben!“

≈

Leif hob einen Treibholzstock auf und zog vier kurze Striche zwischen den Steinen im Außenkreis. Er tat das fast andächtig und die Ruhe, die sein Tun nach außen und innen entfaltete, fühlte sich einfach gut an.

„Die vier Striche im Kreis symbolisieren die vier Übergange auf unserer Lebensreise“, begann er. „Der erste Strich markiert die Geburt. Der Übergang aus dem Bauch der Mutter in die Welt. Der zweite Strich kennzeichnet die Pubertät. Der Übergang aus der Kindheit in das Erwachsensein. Der dritte Strich markiert die Wechseljahre. Der Übergang aus dem Erwachsensein in das Altsein. Der vierte Strich steht für das Sterben. Den Übergang aus dem Altsein in den Nachthimmel“, beschrieb Leif seine ganz eigene Sicht der Dinge.

„Unsere Lebensreise gleicht dem Kreislauf des Wassers!“, griff er jetzt wieder das Bild vom Vortag auf. „Die vier Etappen im Wasserzyklus sind der Übergang von der Quelle in den Bach. Der Übergang vom Bach ins Meer. Der Übergang vom Meer in den Himmel. Und der Übergang vom Himmel in die Quelle. Es gibt nur eine Fließrichtung: vorwärts. Und es ist ein ewiger Kreislauf, der sich immer wieder neu aus sich selbst heraus speist." Leif blickte zufrieden auf den Steinkreis.

Ich fragte in diesem Augenblick nicht, was genau er damit meinte, dass unser Leben ein ewiger Kreislauf sei, weil es nicht wichtig war. Ich wollte den Zauber seiner Worte nicht infrage stellen und als ob er das ahnte, fügte er noch hinzu:

„Du hast zwei Möglichkeiten, die Geschichte zu hören: Entweder hörst du mit deinem Herzen oder mit deinem Verstand. Wenn du mit deinem Herzen hinhörst, ist sie so wunderbar heilsam und göttlich, dass sie dir im wahrsten Sinne des Wortes das Herz wärmt und du spürst, wie du ins Fließen kommst. Oder du hältst mit deinem Verstand an deinem Staudamm fest." Nicht nur die Betonung verriet, was er von dieser Variante hielt.

Ohne Frage war der ewige Kreislauf des Lebens der spirituelle Boden des alten Mannes.

„Wenn wir über das Altsein und die Lebensreise im Westen des Rades reden, müssen wir auch über den bedeutendsten Übergang reden: das Sterben. Ob man gut sterben kann, hat sehr viel damit zu tun, ob der spirituelle Staudamm im Leben aufgelöst worden ist oder nicht." Jetzt kehrten wir kurz in das Leben der 35- bis 55-Jährigen zurück.

„Du meinst damit, ob die Menschen wirklich gelebt oder einen Großteil ihres Lebens nur existiert haben?", erinnerte ich mich an den markanten Satz des ersten Tages.

„Genau. Wie viele Jahre hast du wohl noch?" Leifs Frage kam so plötzlich und überraschend, dass ich kurz schlucken musste. Aber er redete schon weiter: „Ein Jahr… zehn… fünfundzwanzig oder vielleicht vierzig Jahre? Du weißt es nicht, und es ist um jeden Tag schade, den du kein glückliches und erfülltes Leben lebst. Mach dir eine Liste mit all den Dingen, die du unbedingt erleben oder erreichen willst, bevor du stirbst, und strebe nach ihrer Realisierung. Und damit meine ich Dinge, die dein Herz zum Jubeln bringen!"

„Hast du so eine Liste?", fragte ich verblüfft zurück.

„Die habe ich schon vor zwanzig Jahren erstellt und viele der Punkte haben sich für mich bereits erfüllt", antwortete Leif und schenkte uns beiden einen Becher Kaffee ein.

„Was sind das für Punkte, die sich erfüllt haben?", fragte ich neugierig, ohne darüber nachzudenken, dass so eine Liste etwas sehr Persönliches und Intimes ist.

„Einer der Punkte auf meiner Liste war der Wunsch, auszuwandern und auf dieser kleinen Insel zu leben. Ein anderer Punkt war, selbstbestimmt mein Geld zu verdienen. Und ich wollte unbedingt Gitarrespielen lernen. Auch das habe ich über die Jahre realisiert", freute sich der alte Mann. „Und ich bin den Nordteil des GR 20 auf der Insel Korsika gewandert."

„GR 20? Was ist das denn?", fragte ich erstaunt. Davon hatte ich noch nie etwas gehört.

„GR kommt aus dem Französischen und bedeutet *Grande Randonnée*. Es ist schlicht und einfach die Kennung eines Wanderwegs, der durch das korsische Gebirge führt. Es ist einer der schönsten Wanderwege, die ich bisher in meinem Leben gegangen bin."

Ich freute mich über die Offenheit von Leif. Aber vielleicht ist es so, wenn der Staudamm nicht das Lebensgefühl bestimmt. Dann trägt man sein Herz auf der Zunge. „Und gibt es Dinge, die du noch nicht realisiert hast?", wollte ich neugierig wissen.

„Oh ja! Ich will noch Wale sehen, den Südteil des GR 20 bewandern und ein Buch schreiben über innere Staudämme und wie man sie wieder auflöst." Leif sah mich mit einem verschmitzten Lächeln an. „Wer für sich nicht an der Schwelle zum Nachthimmel sagen kann, dass er ein erfülltes und glückliches Leben gelebt hat, der wird es schwer haben, loszulassen und sich hingebungsvoll auf die nächste Phase seiner Reise zu begeben, weil unterschwellig immer das Gefühl in ihm arbeitet, *etwas verpasst zu haben*", sagte er nachdenklich. „Dann wird es eher ein zähes Ringen um noch ein bisschen Zeit als ein gesegneter Übergang…"

≈

Wir machten uns auf die Suche nach Holz. Dabei führte ich mir die Momente vor Augen, in denen die schwarzen Löcher bei mir auftauchten. Es waren tatsächlich die Zeiten, in denen ich sehr verkopft in der äußeren Welt agierte und mich von meinem Herzenswissen abschnitt, dass für mich ein glückliches und erfülltes Leben bestimmt ist. Ich pfiff morgens keine Lieder und es war wirklich so, dass sich mein Selbstbewusstsein in solchen Phasen in Wohlgefallen auflöste.

Mein Herz fühlte das, aber mein Verstand hielt das Ruder fest in der Hand. Mir wurde klarer und klarer, dass ein Leben als Staudammbauer nicht nur meinen Ängsten Ausdruck verlieh, sondern sogar Ängste *kreierte*. Die Angst vor dem Tod, Existenzangst, Angst vor Krankheit, Versagensängste: Angst entsteht, wenn der innere Halt, der innere Zugang zur Quelle verloren gegangen ist, weil mit diesem Verlust auch das Vertrauen verloren geht. *Alles ist gut, das* gibt es nicht mehr, und die Taube auf dem Dach ist nur etwas für andere.

Das bedeutete dann im Umkehrschluss, dass mit dem Abbau meines spirituellen Staudammes auch wieder mehr und mehr Halt und innere Sicherheit in mein Leben zurückkehren könnten…

Die gegrillte Meerforelle schmeckte fantastisch. Das kräftige Muskelfleisch zeichnete ein ganz eigener, besonderer Geschmack aus. Es war der Geschmack eines wilden und freien Lebens.

Wir saßen eine lange Zeit am Feuer, und wenn wir nicht gemeinsam über den Steinkreis philosophierten, hing jeder in der Stille seinen Gedanken nach. Es hat eine wundervolle Wirkung, mit jemandem am Feuer zu sitzen und Stille einfach Stille sein zu lassen.

„Es ist doch eigentlich ein Drama, wenn die Menschen es nicht schaffen, ihre spirituelle Reise wieder aufzunehmen." Das Bild des Steinkreises schärfte mehr und mehr meine Gedanken und meine Gefühle. „Sie sind dann irgendwann vielleicht siebzig, achtzig oder neunzig Jahre alt und sie sind alt geworden mit den inneren Verletzungen ihrer Kindheit. Sie haben niemals die spirituelle Initiation vom Kind zum Erwachsenen und vom Erwachsenen zum Alten erlebt."

„Das stimmt." Leif blickte ins Feuer. „Und deshalb ist die spirituelle Wiedergeburt im Süden des Rades so wichtig. Viele Menschen mittleren Alters erleben bei ihrem eigenen Aufbruch zurück zu sich selbst ihre Eltern und Großeltern übrigens genauso: wie kleine beleidigte Kinder, die eigentlich nach echter Liebe und Aufmerksamkeit schreien", beschrieb Leif die Wahrnehmung einer ganzen Generation. „Auch darum ist diese innere Arbeit so wichtig – weil die Menschen sonst ihre Ängste von Generation zu Generation unterbewusst und unreflektiert weitergeben. Staudammbauer erziehen Staudammbauer."

Er machte eine kleine Pause, um diese Aussage wirken zu lassen. „Es gibt heute so viele Kinder da draußen, die die Angst ihrer Urgroßeltern aus den Schützengräben vor Stalingrad oder aus dem Bombenhagel in Dresden in sich tragen. Aber es ist nicht ihre Angst, es war und ist die Angst ihrer Großeltern, weitergetragen von ihren

Eltern, und sie müssen tagtäglich damit leben. So lange, bis sie sich mit der Vergangenheit versöhnt haben und endlich anerkennen, dass sie selbst ihre Staudämme gebaut haben. Erst dann beginnt die Initiation vom Kind zum Erwachsenen auf der inneren Reise."

Ich kramte nach den Schokokeksen und Leif verteilte den Rest aus seiner Thermoskanne in unsere Becher. Der Mann an Bord des Segelbootes ging unter Deck und am Horizont zogen erste kleinere Kormoranschwärme zurück zu ihren Schlafgestellen. Das Licht des Lagerfeuers nahm sich mehr und mehr Raum am Strand. Es war sehr beruhigend, in die lodernden Flammen zu schauen und die Stimmung am Strand zu genießen.

„Jetzt ist ein guter Zeitpunkt, die Dinge bis zum Morgen ruhen zu lassen." Ich fühlte, wie die vielen Gedanken mich ausfüllten, und ich wollte nicht noch mehr draufpacken. Die Bilder sollten in Ruhe ankommen.

Bei Leif rannte ich damit natürlich offene Türen ein. Er zwinkerte mir nur zu und trank seinen Kaffee aus. Wir saßen noch lange am Feuer und blickten auf das Meer. Erst als alle Kormorane ihre Schlafplätze aufgesucht hatten, verließen wir den Strand.

Bevor Leif sich an diesem Abend von mir verabschiedete, gab er mir noch eine Aufgabe mit auf den Weg: „Nimm dir vor dem Schlafengehen eine Stunde Zeit und reise in Gedanken eine halbe Stunde in den Schuhen deiner Mutter und eine halbe Stunde in den Schuhen deines Vaters!"

Der vierte Tag:

Herzenswissen

In jedem Kind träumt Gott den Traum der Liebe,
in jedem Kind wacht ein Stück Himmel auf,
in jedem Kind blüht Hoffnung, wächst die Zukunft,
in jedem Kind wird unsere Erde neu.

Unbekannt überliefert

Schon in der Nacht war zu hören, dass der lange angekündigte Sturm schließlich die Insel erreicht hatte. Das Rauschen der Bäume war mächtig und es knackte fast schon rhythmisch im Gebälk des kleinen Ferienhauses. Immer wieder wachte ich kurz auf, nahm die Geräuschkulisse wahr und lag dann, halb schlafend, halb wachend in meinem Bett. Die Bilder vermischten sich in meinem Kopf. Bilder von Staudämmen, von meiner Mutter als kleinem Mädchen und einem Kaugummiautomaten. Ich ließ sie einfach gewähren und schließlich begleiteten sie mich wieder in die nächste Schlafphase.

Als ich am Morgen aufwachte, waren selbst die sonst so penetranten Vögel verstummt. Der Sturm verbannte sie in ihre sicheren Verstecke … alle bis auf einen.

Festgekrallt an der windabgewandten Seite einer knorrigen Strandkiefer hämmerte ein Buntspecht ohne Unterlass mit seinem Schnabel auf den widerspenstigen Stamm des Baumes ein. Der Sturm pfiff einfach an ihm vorbei.

≈

Ich beobachtete ihn schon eine ganze Zeit lang, als Leif am Ferienhaus auftauchte, um mich zum Angeln abzuholen. Wir hatten schon am Vortag die Abmachung getroffen, uns nicht von dem Sturm abschrecken zu lassen und wieder in die kleine Bucht zu fahren, schließlich lag sie an der windabgewandten Seite der Insel.

Als Leif den eifrigen Specht bemerkte, begrüßte er ihn mit den Worten: „Hallo, Kollege!“

„Wieso Kollege?“, fragte ich neugierig. Kannte Leif diesen Specht persönlich?

„Das ist eine etwas längere Geschichte! Aber es gibt in den nächsten Tagen bestimmt eine gute Gelegenheit, sie zu erzählen“, war er sich sicher.

Der Sturm war da und er hatte sich schon Tage vorher angekündigt. Der fallende Wasserstand … die schnell ziehenden Wolken … Fische, die plötzlich verschwunden waren. Die Zeichen waren untrüglich, und mich erinnerte dieses Schauspiel der Natur an unser Gespräch über die Staudämme im Leben. Schicksalsschläge kommen manchmal nicht aus heiterem Himmel …

Der Mann auf dem Segelboot hatte alles richtig gemacht. Als wir die Bucht erreichten, saß er dick eingemummelt an Deck seines Schiffes und trank gemütlich Kaffee. Vielleicht war es auch Tee oder Wasser, aber mir gefiel die Vorstellung, dass er Kaffee trank. Wie der Specht ließ er die Sturmböen im Windschatten des Küstenwaldes einfach an sich vorüberziehen.

Wir setzten uns an unser Strandlager und ich machte mich mit einem Treibholzstock auf die Suche nach einem Rest glühender Asche auf dem Grund des Lagerfeuers – und wurde fündig. Unglaublich, die Glut war tatsächlich so lange konserviert worden. Mit ein wenig trockener Rinde und ein paar kleineren Reisigzweigen war das Feuer schnell neu entfacht und wir saßen wieder dort, wo wir vor zwölf Stunden über die spirituelle Wiedergeburt im Erwachsenenalter philosophiert hatten. Ich war auch innerlich sofort wieder im Thema.

„Wenn die Alten im Stamm die Storyteller und Weisen sind, was ist dann die Aufgabe der Erwachsenen im Stamm?“, drängte sich mir eine neue Frage auf.

Leif musste nicht lange nach einer Antwort suchen. „Sie sind die Beschützer und Versorger.“

„Und zwar sowohl für die Alten als auch für die Kinder, oder?“, fuhr ich in Gedanken einmal durch den Steinkreis.

„Ja – und das gilt für die innere und die äußere Reise!“

Ich konnte dem alten Mann gerade nicht folgen, aber er löste meine Verwirrung mit den nächsten drei Sätzen auf. „Versorger und Beschützer für die Kinder zu sein heißt auf der äußeren Reise, sie mit Nahrung, Kleidern und den alltäglichen Dingen des Lebens und mit einem Dach über dem Kopf zu versorgen. Auf der inneren Reise ist es die Liebe, mit der wir sie umgeben müssen, und mit unserer Liebe können wir sie auch davor beschützen, dass sie ihr Herz siebenmal wieder aufsammeln müssen, wie in dem Zitat von dem indianischen Ältesten, von dem ich dir erzählt habe. Wir sind die Hüter ihrer inneren Reise. Auch für die Alten müssen wir vielleicht eines Tages Versorger und Beschützer sein, und deshalb ist die Versöhnung mit ihnen nicht nur für unsere eigene Initiation in das Erwachsensein von heilsamer Bedeutung, sondern es ist auch die Basis dafür, dass wir ihre Wegbegleiter im Westen des Rades und bei ihrem Übergang in den Nachthimmel sein können.“

Leif deutete auf den Stein im Westen des Rades. „Wenn die Alten über die Schwelle gegangen sind, ist es für die Versöhnung mit ihnen zu spät, und das bricht den Zurückgebliebenen im Nachhinein das Herz. Weil ihr Herz ihnen schon zu Lebzeiten der Alten immer wieder signalisiert hat, dass sie den Weg der Liebe und der Versöhnung gehen sollten – aber trotzdem blieb dieses Wissen immer wieder am eigenen inneren Staudamm hängen.“

Leif hob den gestrandeten Schuh, der immer noch an seinem Platz lag, in die Luft. „Gestrandete Schuhe sind große Lehrer.“

„Wenn so viele Kinder ihre innere Reise schon in jungen Jahren abbrechen, sind wir ihnen aber keine guten Beschützer gewesen“, erkannte ich, und mir wurde auch klar, dass die Entscheidung der Erwachsenen für oder gegen eine spirituelle Wiedergeburt große Auswirkungen auf die Generation nach ihnen hat. Wenn die

Erwachsenen im Süden ihrer Lebensreise damit beginnen, ihre inneren Staudämme wieder aufzulösen, bekommen sie auch die Möglichkeit zurück, die inneren Reisen ihrer Kinder liebevoller zu beschützen und zu begleiten.

Als ich Leif von meiner Erkenntnis erzählte, stand er mit einem Mal auf, rammte einen langen Treibholzstock in den Strandsand, hielt sich mit einer Hand an dem Stock fest und begann, um ihn herumzutanzen. Nein, nicht nur das, er fing auch noch an zu singen: *„Zwei mal drei macht vier, widdewiddewitt, und drei macht neune! Ich mach' mir die Welt widdewidde wie sie mir gefällt … Hey – Pippi Langstrumpf, trallari trallahey tralla hoppsassa …*"

Ein alter Mann tanzte um einen Treibholzstock und sang Pippi Langstrumpfs Lebenshymne … wenn ich das jemandem erzählte, würde mir wohl niemand glauben. Er sang so laut, dass sich sogar der Mann an Deck des Segelboots Richtung Strand umdrehte. Das hatte er die ganzen Tage noch nicht getan.

„Weißt du, was mit Pippi Langstrumpf heute passieren würde?" Leif hielt plötzlich inne und schaute mich an.

Ich war immer noch erheitert von seinem Tanz und mir liefen vor Lachen die Tränen über das Gesicht, als ich den Kopf schüttelte.

„Sie wäre ein Ritalin-Kind!", beantwortete Leif seine Frage selbst. „Und ihr Kollege Michel aus Lönneberga auch, genauso wie Ernie aus der Sesamstraße – alles Ritalin-Kinder. Sie würden als untragbar gelten und würden medikamentös ruhiggestellt, weil sie so lebendig sind … so wild … so unangepasst. Und dabei sind sie eigentlich nur sie selbst." Mit einem Aufseufzen setzte Leif sich wieder ans Lagerfeuer.

„Aber warum sollen sie die Lehrpläne ihrer Elterngeneration erfüllen, in denen nur die Lerninhalte im Mittelpunkt stehen, nicht aber die Kinder selbst mit ihren Talenten, ihrer natürlichen Neugier auf das Leben und ihrer positiven Energie? Warum sollen sie bei einer Veranstaltung, die Leben heißt, mitmachen, wenn die Veranstaltung offensichtlich nicht mal ihren Eltern Spaß macht? Sie sehen tagtäglich gestresste, hektische und kranke Erziehungsberechtigte, die ihnen erzählen wollen, wie das Leben funktioniert und dabei selbst jeden Tag das Lachen und die Freude am Leben an der eigenen Garderobe abgeben."

Wieder einmal hatte Leif so ganz nebenbei eine der großen Schwächen unseres Bildungssystems aufgedeckt. Und er hatte wieder einmal recht. Glaubwürdigkeit geht anders …

„Aber die Pharmaindustrie weiß, wie man heutzutage Rebellionen beendet!"

„Ja, warum gibt es eigentlich keine Schulfächer wie *Mein Talentschuppen*, *Wild, wilder*, *Draußen sein*, *So findest du deine Erfüllung!*, *Die Kraft der Liebe*, *Spaß am Leben* oder *Glück*?", dachte ich laut über einen alternativen Lehrplan nach.

Nun wurde der alte Mann am Lagerfeuer kurzfristig zum Zyniker. „Ganz einfach: aus Mangel an Lehrkräften!" …

≈

Mit einem etwas plumpen Landeanflug tauchte plötzlich die Eiderente wieder in der Bucht auf und nach einer mindestens genauso plumpen Landung auf dem Wasser paddelte sie zielstrebig zu den Muschelgründen an der tiefen Rinne.

Muscheln können nicht mal eben so verschwinden, genauso wenig wie der hilflose Seetang. Und auf unserer Lebensreise ist es manchmal wohl auch so … wieder musste ich an die Kinder und ihre Schutzbedürftigkeit denken. Sie liefern sich dem Leben aus.

Draußen auf dem offenen Meer tobte sich der Sturm aus. Wenn man den Blick direkt zum Horizont schweifen ließ, konnte man die riesigen Wellenberge erkennen, die der Wind vor sich auftürmte, und es brauchte nicht viel Fantasie, um sich vorzustellen, wie es dem Mann und seinem Segelboot wohl zwei Seemeilen weiter draußen gehen würde …

„Jedes Kind beginnt sein Leben mutig und zuversichtlich. Es ist voller Liebe, offen und beziehungsfähig", kehrte Leif wieder in den Steinkreis zurück. Sein Zynismus hatte sich verflüchtigt. „Die Geschenke der Kinder an den Stamm heißen Unbekümmertheit, Entdeckergeist und Freude am Leben, und wir Erwachsenen erkennen oft nicht, welch wundervolle Gaben das sind. Stattdessen bringen wir den Kindern bei, Staudämme zu bauen."

Das war der Moment, in dem mir die nächste meiner liegen gebliebenen Fragen in den Sinn kam. Schon vorhin hatte mich die Erkenntnis tief berührt, dass die Initiation der Erwachsenen in ihr Erwachsensein und ihre spirituelle Wiedergeburt auch heilsame Auswirkungen auf ihre Kinder haben kann.

„Aber wie kann es mir gelingen, einen Staudamm wieder aufzulösen, den ich über Jahrzehnte aufgebaut habe?", fragte ich den alten Mann, der mit dem Stock, um den er eben noch getanzt war, die Glut zusammenschob. „Ist es nicht so, dass mit dem Bau des spirituellen Staudammes auch mehr und mehr das Gefühl dafür verloren geht, wie es sich anfühlt, ganz tief glücklich und erfüllt zu sein?"

Die Aufgabe schien mir fast aussichtslos, denn ich wusste ja nur zu gut, wie selten ich die pure Lebensfreude oder das Gefühl „Scheißegal, ich mach das jetzt!" in meinem Leben regieren ließ.

Ein Teil der Antwort lag sicherlich in der Erkenntnis, dass viele Staudammsteine aus unseren kleinmachenden Gedanken bestehen und wir die Wahl haben, uns Horror- oder Glücksgeschichten zu erzählen. Ich musste erneut an das Zitat mit dem morgendlichen Pfeifkonzert denken. „Aber besteht der Staudamm wirklich nur aus Gedanken? Ist es wirklich so einfach? Ich ändere mein Denken und schon komme ich wieder zurück in das Lebensgefühl voller Glück und Erfüllung?“

Leif hatte mir still zugehört und nickte jetzt. „Es ist so, wie du es sagst. Das Leben zeigt uns viele Beispiele, wie das gelingen kann“, nahm er meine Gedanken auf. „Große Lehrerinnen und Lehrer sind Menschen, die den ganzen inneren Staudamm mit einem Mal in die Luft sprengen. Und sie tun das, obwohl sie es kurze Zeit vorher selbst kaum für möglich gehalten haben, dass sie überhaupt Sprengmeisterfähigkeiten besitzen. Der Sprengstoff, der ihnen dabei hilft, ist ihr Krebs, ihr Schlaganfall, ihr Burnout, ihr Tinnitus, ihr Arbeitsplatzverlust oder eine gescheiterte Partnerschaft“, zählte Leif einige Schicksalsschläge auf, die auch Wendepunkte auf der Lebensreise sein können.

„In dem Drama ihres eigenen Lebens wird ihnen oftmals nicht nur die eigene Endlichkeit bewusst, sondern sie kommen plötzlich wieder ins Fühlen. Sie spüren, wie wertvoll das Leben ist und dass es ein großes Geschenk an sich selbst ist, selbstbestimmt darüber zu entscheiden, was Glück und Erfüllung bedeutet. Die Sprengung ihres Staudammes ist einer der größten initiatorischen Schritte in ihrem Leben! Und sie können diese Kraft aufbringen und ihr Leben in die Hand nehmen, weil sie ihr Denken geändert haben. Mit den neuen Gedanken kehrt das Selbstbewusstsein zurück, sonst hätten sie niemals die Kraft zur Veränderung entwickelt. Und es kehrt oftmals noch etwas ganz anderes, Wunderbares zurück: Sie entdecken wieder ihre Spiritualität, ihre Beziehung zu Gott.“

Leif begann, das Lagerfeuer neu aufzuschichten. „Schicksalsschläge sind oftmals Türöffner für die Rückkehr zur inneren Reise“, wiederholte er noch einmal. „Du kannst die Steine auch wegsingen, wegtanzen, wegreden, wegmalen, wegmeditieren, umwandeln, wegreißen, wegschreien, wegschweigen. Wenn du dich wieder auf deine innere Reise machst, wirst du schnell ein Gefühl dafür bekommen, was dir guttut und was nicht. Und egal, was du tust, alles dient nur dem einen Zweck: Das Tor zu einem neuen, lebenbejahenden Denken wieder zu öffnen! Ein Tor, das die meisten Menschen vor vielen Jahren selbst geschlossen haben."

Wenn man Leif zuhörte, klang es gar nicht so unmöglich. *Vielleicht kann man sie auch wegangeln*, dachte ich und musste innerlich schmunzeln, hatte ich mir doch gestern gerade selbst bewiesen, wie ein Fisch das Lebensgefühl zumindest kurzfristig vollkommen veränderte.

Warum eigentlich nicht?

„Du hast es vorgestern am Bach gesehen: Sobald du den ersten Stein entfernst, beginnt das Wasser, wieder zu fließen, und damit bist du auch wieder mit deiner göttlichen Quelle verbunden, selbst wenn da noch ein riesiger Reststaudamm rumsteht!", machte Leif mir noch einmal bildlich klar, wie sehr ein erster Schritt schon Heilung und Lebensfreude zurück in mein Leben bringen konnte. Weil es nicht entscheidend ist, wie viele Steine ich entferne, sondern dass ich den Mut finde, mich mit dem ersten Stein wieder meiner inneren Reise zuzuwenden, und deshalb ist es auch egal, für welchen der Steine ich mich zuerst entscheide.

Die spirituelle Wiedergeburt beginnt mit dem ersten Stein …

≈

„Die Erkenntnis, dass dein Leben eine Quelle hat und diese Quelle niemals versiegt, auch nicht in den Zeiten, die sich wie ein trockenes Flussbett anfühlen und in denen du mit dir, der Welt oder Gott gehadert hast – das ist das größte Geschenk. Und das Beste ist, dass du selbst die Verbindung zur Quelle jederzeit wiederherstellen kannst. In dem Moment, in dem du dich wieder auf deine ursprüngliche Quelle besinnst, kehrt Heilung und Erfüllung in dein Leben zurück."

Ich wusste von Leif, dass diese Quelle in seinem Leben seine Beziehung zu Gott war, das hatte er mir bereits auf meiner ersten Reise erzählt. Vielleicht war das der zweite Grund dafür, dass der alte Mann ein Leben ohne schwarze Löcher führte. Er lebte am Meer und er wusste um seine spirituelle Quelle im Leben. Wir philosophierten über Gott und die Welt, nein, eigentlich philosophierten wir über die Welt, und auf dieser Reise war vielleicht auch die Gelegenheit etwas mehr über den Glauben des alten Mannes zu erfahren. Jetzt war aber immer noch die Zeit über die Staudammsteine zu sprechen…

„Aber es gibt wahrscheinlich so viele unterschiedliche Staudammsteine, wie es Menschen gibt, oder?", blieb ich dran an der Frage, wie man so einen Staudamm wieder auflöst.

Leif wandte sich mir ganz zu. „Nimm dir an einem ruhigen Abend etwas Zeit, hol dein Tagebuch heraus und schreib für deine wichtigsten Lebensbereiche auf, was Erfüllung und Glück für dich in ersten Schritten bedeutet. Was bedeutet Erfüllung und Glück in der Arbeit für dich? Was bedeutet Erfüllung und Glück in der Partnerschaft für dich? Was bedeutet Erfüllung und Glück im Miteinander mit deinen Kindern für dich? In deinem Haus und Garten? Und deinen Freundschaften? Im Umgang mit deinem Körper? Mit deinen Talenten?", zählte Leif die wichtigsten Lebensbereiche auf und statt einer anglerischen folgte jetzt eine spirituelle Regieanweisung zur Staudammrückbauung.

„Wenn du dich auf diesen Weg machst, achte nur auf die ersten Gedanken, die dir in den Sinn kommen. Analysiere sie nicht, hinterfrage sie nicht, sondern schreibe diese Gedanken konkret auf. So konkret, dass du am nächsten Tag mit der Umsetzung beginnen kannst! Ich werde dir zur Inspiration ein paar beliebige Beispielsätze nennen, damit du eine Idee bekommst, wie die Sache funktioniert.“

Dann gab er mir für jede der Fragen ein paar beispielhafte Antworten mit auf den Weg. Die Gründlichkeit, mit der er das tat, ließ mich erahnen, wie wertvoll diese innere Arbeit für das Stopfen von schwarzen Löchern sein konnte. Anders als beim Kaugummiautomaten konnte ich hier selbst bestimmen, was nach dem Dreh am Metallknauf in der Auswurflade liegen würde.

„Sagen wir: Erfüllung und Glück in der Arbeit bedeutet für mich, das Projekt xy endlich abzusagen, weil es mir eh nur Kopfzerbrechen und schlaflose Nächte bereitet und nicht richtig ins Fließen kommt. Erfüllung und Glück in der Arbeit bedeutet für mich, das Projekt yx neu anzuschieben, weil ich es schon so lange hintangestellt habe, obwohl ich mir von Herzen wünsche, endlich loszulegen. Erfüllung und Glück in der Arbeit bedeutet für mich, meine kreativen Fähigkeiten auszuleben. Erfüllung und Glück in der Partnerschaft bedeutet für mich, wieder mehr körperliche Nähe zu meiner Frau. Außerdem einmal in der Woche einen Abend nur für uns. Und jeden Tag ein halbstündiges Gespräch über unsere inneren Reiseerlebnisse. Erfüllung und Glück im Miteinander mit meinen Kindern bedeutet für mich, mit ihnen ein Baumhaus zu bauen, jeden Abend zum Essen gemeinsam um den Tisch zu sitzen und sich in Ruhe über die Tagesereignisse auszutauschen. Ihnen alle zwei Tage eine Geschichte vorzulesen. Was mein Zuhause betrifft, will ich mir endlich ein eigenes Zimmer einrichten und neue Bilder im Wohnzimmer aufhängen. Und ich habe schon lange vor, im Garten einen

Apfelbaum zu pflanzen. Erfüllung und Glück in meinen Freundschaften bedeutet für mich, endlich meinem Herzen zu folgen und mich bei Jakob zu melden und mich mit ihm zu versöhnen. Und auch die ewig vertagte gemeinsame Angeltour mit meinen Freunden nach Island zu realisieren. Ich möchte einen Geburtstagskalender anlegen und mich dann an den Geburtstagen meiner Freunde in schriftlicher oder mündlicher Form melden. Erfüllung und Glück im Umgang mit meinem Körper bedeutet für mich, alle drei Tage eine Stunde laufen zu gehen und jeden Morgen einen grünen Smoothie zu trinken. Und endlich mit dem Rauchen aufzuhören."

Mir waren schon lauter eigene Ideen gekommen, während Leif seine fiktive Liste aufführte. Doch die würden noch etwas warten müssen.

„Wenn du diese *Liste der ersten Schritte* für dich erarbeitest, wird dir sehr schnell bewusst werden, wie ein Teil deiner Staudammsteine heißt, und so findest du auf diesem Weg auch eine weitere Antwort auf deine Frage, wie man die Steine wieder entfernen kann. Schau einfach auf deine Liste!"

Leif tauchte erneut in die Welt seiner Beispiele ein. „In den von mir erwähnten Beispielen würden die Staudammsteine unter anderem heißen: ‚Ich arbeite an dem xy-Projekt und will es eigentlich gar nicht. Ich lebe meine Kreativität nicht aus. Ich will mehr Sex mit meiner Partnerin. Ich will seit Ewigkeiten ein Baumhaus bauen und tue es nicht. Ich habe kein eigenes Zimmer und wünsche es mir eigentlich so sehr. Seit langer Zeit will ich Bäume pflanzen und tue es nicht! Ich achte nicht auf genügend Bewegung und weiß doch genau, wie gut mir das tun würde.' Das ist der Istzustand. Jetzt hast du die Möglichkeit, dir ein paar deiner einschränkenden und kleinmachenden Gedanken anzuschauen, die dich davon abhalten, deine innere Reise in ein glückliches und erfülltes Leben wieder aufzunehmen."

Nun beschrieb er mir die Gedanken, die hinter seinen Beispielen stehen könnten: „‚Ich traue mich nicht, das Projekt xy abzusagen, weil ich Angst davor habe, einen wirtschaftlichen Schaden zu produzieren. Ich lebe meine Kreativität nicht aus, weil ich denke, dass andere sowieso viel kreativer sind als ich. Ich traue mich nicht, meine Frau auf das Thema Sex anzusprechen, weil es so emotional belastet ist. Das Baumhaus kann ich zwar anfangen, aber wahrscheinlich bekomme ich es sowieso nicht fertig.‘ So oder so ähnlich könnten die Gedanken hinter diesen Staudammsteinen aussehen, nicht wahr?“

Ich konnte nur nicken, kannte ich doch viele dieser Beweggründe nur zu gut.

„Aber wenn wir die Gedanken in den Positiv-Modus drehen, sieht es plötzlich ganz anders aus: ‚Wenn ich das Projekt xy absage, habe ich endlich die Kraft und die Energie für neue, wertschöpfende Projekte. Ich habe wie jeder Mensch meinen ganz eigenen Zugang zur Kreativität und kann damit auf meine einmalige Art und Weise inneres Wissen äußerlich sichtbar machen. Wenn ich mit meiner Frau ehrlich über meinen Wunsch nach mehr Sex rede, entsteht wieder mehr Nähe zwischen uns. Das Bedürfnis für mich zu behalten schafft eine ganz eigene Form von Distanz. Natürlich schaffe ich es, das Baumhaus zu bauen, und ich sehe mich schon mit einem Becher Kaffee in der Hand in dem Baum sitzen und die Zeit mit meinen Kindern genießen!‘ Da bekommt man doch gleich Lust, loszulegen, oder?“, beendete Leif seine kleine Beispielliste.

„Wenn du damit beginnst, dein Leben wieder von innen nach außen zu leben, indem du dir das Erträumte tatsächlich erfüllst, wird es sich immer stimmiger anfühlen, weil deine innere und äußere Reise in Harmonie miteinander sind. Du bist der Regisseur in deinem Leben, also ist es deine Entscheidung, ob du Horrorgeschichten oder Erfolgsgeschichten drehen willst. Du hast die Wahl, ob du im richtigen oder falschen Film unterwegs bist. Hast du einen Punkt von deiner Glücks- und Erfüllungsliste umgesetzt, kannst du den nächsten anpacken. So bringst du mehr und mehr Glück und Erfüllung in dein Leben zurück, und am Ende lebst du ein Leben im Einklang mit dir selbst. Glück ist das Lebensgefühl, das entsteht, wenn innere und äußere Reise miteinander verschmelzen."

Das waren ja wahrhaft paradiesische Aussichten!

„Es ist ein spiritueller Weg, auf dem du ein Leben lang unterwegs sein wirst, weil es kein Ziel gibt. Es ist der Weg vom Fühlen zum Handeln!" Wieder schaute Leif auf den Steinkreis. „Das, was sich verändert, ist deine eigene Wahrnehmung. Du wirst auf diesem Weg immer sensibler werden. Für dich und deine Spiritualität, für deine Mitmenschen und für Mutter Erde und all ihre Geschöpfe. Dinge, die lange Zeit vermeintlich stimmig für dich waren, gehen plötzlich nicht mehr. Du kannst vielleicht einen Auftrag nicht mehr machen, weil du genau spürst, wie sehr du damit gegen dein inneres Wissen agierst. Dann hast du zwei Möglichkeiten: Du machst den Job wider besseres Wissen weiter … oder du hörst auf dein Herz und beginnst, dich umzuorientieren. Und vergiss nie, dass du für deine Entscheidung einen Preis bezahlst."

Ups, das klang schon weniger paradiesisch. Etwas unsanft in meinem Hochgefühl gestört, sah ich fragend zu Leif hinüber.

„In deiner Partnerschaft kann es zu Konflikten kommen, weil deine Partnerin deinen spirituellen Weg vielleicht nicht mitgeht. Vielleicht hat nur eure gemeinsame äußere Reise die Beziehung zusammengehalten: das Haus, die Kinder, die Erwartungen der Eltern und Schwiegereltern. Aber auf euren inneren Reisen habt ihr ganz unterschiedliche Routen eingeschlagen. Eine glückliche und erfüllte Partnerschaft braucht das Fundament der gemeinsamen spirituellen Reise, sonst wird sich über kurz oder lang innere Einsamkeit breitmachen. Dann ist es nicht getan mit der nächsten Urlaubsreise, dem neuen Auto oder den ewigen Vertröstungen, dass bald mehr Zeit für dieses oder jenes sein wird. Weil hinter der Einsamkeit der tiefe Wunsch steckt, ehrlich über die eigenen Träume und Wünsche zu sprechen und sie endlich auszuleben, am liebsten gemeinsam. Das Gleiche gilt auch für deine Freundschaften. Wenn du zurückkehrst auf deine innere Reise, werden dir Menschen immer wichtiger, die ebenfalls in dieselbe Richtung unterwegs sind. Du fühlst dich wohl in der Nähe von Menschen, die ehrlich mit sich selbst sind und denen Status viel weniger bedeutet als das balsamische Gefühl, wenn sich das innere Wissen mit der äußeren Lebenswirklichkeit in Einklang befindet."

Unwillkürlich ging ich in Gedanken die Gesichter meiner Freunde und Bekannten durch und blieb bei einigen hängen, bei denen ich das Gefühl hatte, sie könnten auf der Innenreise sein. Wenn ich wieder zu Hause war, würde ich sie dringend danach fragen müssen!

„Du wirst vielleicht auch merken, dass sich alte Bekanntschaften auflösen, weil plötzlich nichts mehr da ist, worüber man eigentlich miteinander reden kann, wenn man durch den eigenen Aufbruch gefühlt in zwei unterschiedlichen Welten unterwegs ist", fügte Leif noch hinzu. „Es beginnt die Phase in deinem Leben, in der du keine Lust mehr hast, nur über das Wetter oder Fußballergebnisse zu reden", lachte er.

Dank der erleichternden Erkenntnis, dass der innere Fluss schon mit dem Entfernen des ersten Steines wieder anfängt zu sprudeln, fand ich die Beispielliste alles andere als erdrückend. Im Gegenteil: Es war ein bunter Strauß von Möglichkeiten, auf die ich mich richtig freute. Und die wichtigste Erkenntnis in diesem Augenblick war für mich die, dass ein glückliches und erfülltes Leben von innen nach außen gelebt werden will.

Diese Erkenntnis ging einher mit den Bildern des ersten Tages, als wir uns darüber unterhalten hatten, dass die meisten Menschen immer auf denselben, vorgegebenen Wasserstraßen unterwegs sind und in denselben Häfen anlegen. „Mainstream“ eben. Der ewige Versuch, in der äußeren Welt sein Glück zu finden. Leider geht das immer auf Kosten des eigenen Herzenswissens, das wurde mir mehr und mehr klar. Und wenn wir dann zwischen 35 und 55 Jahren merken, dass wir das Gesuchte nicht gefunden haben, ist unsere spirituelle Wiedergeburt nichts anderes als die Rückbesinnung auf unsere ureigene Persönlichkeit – die Entdeckung des Weges, der nur für uns bestimmt ist.

≈

Mir fiel eine Geschichte ein, die ich im letzten Jahr bei einem meiner Ausflüge ans Meer erlebt hatte … Ich war an einen bekannten Strand zum Meerforellenangeln gefahren und wie sich am Strandparkplatz herausstellte, war ich bei Weitem nicht der Einzige, der die Idee hatte, an diesem Tag an diesem Strand zu fischen. Und das, obwohl ich schon um 6:00 Uhr morgens mein Ziel erreicht hatte. Der Parkplatz stand voller Autos von Anglern, wie ich unschwer an den mit Angelaufklebern verzierten Dachboxen, den großen blauen IKEA-Taschen in den Kofferräumen und den Plastikschonbezügen auf den Fahrer- und Beifahrersitzen erkennen konnte. Dank der Schonbezüge mussten die eifrigen Angler nicht jedes Mal ihre nasse Wathose aus- und wieder anziehen, wenn sie zum nächsten Angelplatz fuhren, sondern konnten einfach ins Auto springen und schnell weiterfahren.

Das war an Wochenenden, an denen die Küste voll war mit bis in die Haarspitzen motivierten Anglern, durchaus ein Vorteil gegenüber denjenigen Petrijüngern, die nicht im Besitz solcher Schonbezüge waren.

An diesem Sonntag nahm ich die vielen anwesenden Angler mit einer gewissen Gelassenheit in Kauf. Wahrscheinlich auch, weil ich davon ausging, dass der Großteil von ihnen in Kürze wieder in ihren Autos sitzen würde. Interessanterweise gibt es einen beträchtlichen Anteil von Meerforellenanglern, für die das wichtigste Angelgerät das Auto und nicht die Angelrute zu sein scheint, denn sie schaffen es spielend, an einem Tag fünf, sechs oder mehr Strände zu beangeln. Wahrscheinlich tauchen die Fische immer dann wieder am Strand auf, wenn die umtriebigen Angler gerade wieder in ihren Autos sitzen …

An dem weitläufigen Strand gab es eine Reihe von *Hot Spots*. Das sind die Plätze, an denen die Meerforellen immer wieder zum Fressen auftauchen. Alle halbwegs beschlagenen Küstenangler kennen diese *Hot Spot*-Plätze natürlich und darum werden sie um ein Vielfaches häufiger beangelt als die anderen, unscheinbareren Stellen am Strand.

Einer der *Hot Spots* an diesem Strand war ein 100 Meter langes Steinriff. Als ich von dem kleinen Vordeich aus über den Strand blickte, konnte ich sehen, dass sich die vielen Angler an diesem Morgen über den ganzen Strand verteilt hatten. Nur einer stand draußen auf dem Riff.

Auf dem Weg hinunter zum Strand begegnete ich zwei Anglern, die zum Parkplatz unterwegs waren. Ihre Körpersprache verhieß nichts Gutes.

„Hier beißt nichts!“, sagte der erste, und der zweite fügte prophetisch noch hinzu: „Und hier passiert heute auch nichts mehr!“

Nun denn.

Ich suchte mir ein Plätzchen, an dem ich weder dem linken noch dem rechten Nachbarn zu sehr auf der Wathose stehen würde und freute mich darüber, endlich wieder im Meer zu stehen und zu angeln, während die beiden Kollegen von eben wahrscheinlich gerade zum nächsten Strand rasten …

Tatsächlich passierte die ersten zwei Stunden nichts. Doch dann nahm mit einem Fisch ein wahres Spektakel seinen Anfang: Der Angler auf dem Riff bekam eine dicke Meerforelle an den Haken, und nach einem längeren Kampf kescherte er den Fisch so demonstrativ langsam, dass selbst die Leute hinter dem Deich und im nächsten Dorf noch sehen konnten, was für ein grandioser Angler da am Werke war.

Doch nicht nur das. Mehrmals hob er den bereits eingenetzten Fisch in die Höhe, als wenn es da noch irgendetwas zu verrichten gäbe, was es aber nicht gab … Der Mann wollte einfach nur gesehen werden. Dann begann aber erst das eigentliche Spektakel: Wie von Sinnen stürmten die herumstehenden Angler auf das Riff hinaus, und in null Komma nichts war das Riff voll mit Menschen! Selbst drei Angler, die in Gedanken wohl schon auf ihren Schonbezügen saßen, machten auf der Deichkrone noch einmal kehrt!

Auf dem Riff entstand eine große Unruhe. Viele Männerbeine durchquirlten das Wasser, und wäre es flüssige Sahne gewesen, hätte sich der Aggregatzustand binnen Sekunden von flüssig in stocksteif verwandelt. Tat es aber nicht, und so quirlten alle munter weiter. Und wenn dort auch nur noch ein Fisch gewesen wäre, dann hätte er sich spätestens jetzt aus dem Staub gemacht. Das Riff war fischleer gepoltert!

Der Fänger schaute etwas irritiert und verärgert drein und warf den Neuankömmlingen unfreundliche Blicke zu. Er hatte zwar gesehen, aber nicht überrannt werden wollen!

Er war ja eigentlich in seiner Mitte. Seine Platzwahl stimmte, seine Köderwahl, er war zur richtigen Zeit am richtigen Ort gewesen. Doch dann kamen die *Riffstürmer* …

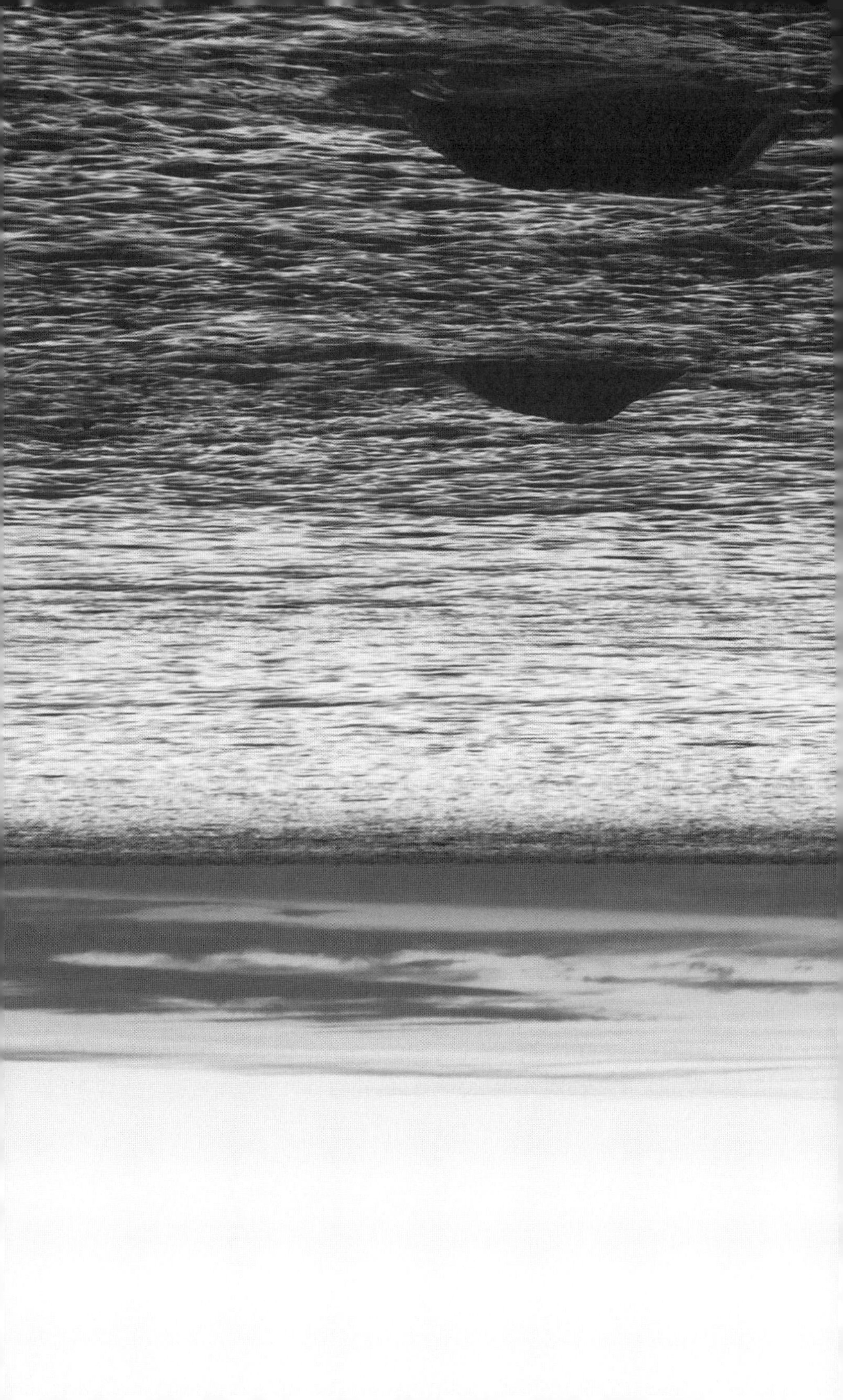

Jetzt sah ich die Geschichte plötzlich in einem ganz neuen Licht. Sie bekam eine viel tiefere Bedeutung, und das hing ohne Zweifel mit unseren Gedanken über die Initiation in das Erwachsensein zusammen.

„Als Riffstürmer läuft man doch eigentlich seiner eigenen Intuition davon, oder?“ Ich blickte Leif an, der sich die Geschichte die ganze Zeit in Ruhe angehört hatte. „Riffstürmer geben doch quasi ihre eigene Intuition an der Strandkante ab, weil sie ihr Handeln nach äußeren Impulsen ausrichten: *Da fängt einer einen Fisch, da muss ich hin!* Der Moment, in dem sie loslaufen, ist der Moment, in dem sie sich von ihrer eigenen Intuition verabschieden. Sie sind auf dem Weg von der Selbstbestimmung in die Fremdbestimmung. So ein Riffstürmer lässt sich von dem leiten, was er sieht, nicht von dem, was er fühlt. *Ich glaube nur, was ich sehe* – auf geht's!“

„Und dann standen sie alle gemeinsam da draußen. Nein, nicht alle. Der Fänger ging schon kurze Zeit später als Erster vom Riff. In der Hoffnung, genauso erfolgreich zu sein wie der erste Angler, harrten die anderen weiter in dem gequirlten Wasser aus. Es dauerte eine Stunde, bis der erste Riffstürmer die Hoffnung aufgab und dem Fänger Richtung Ufer folgte. Nach und nach kamen auch die anderen zurück – alle ohne Fisch!“

≈

Leif hörte mir immer noch zu, und als er nach ein paar Minuten der Stille seine Gedanken aussprach, offenbarte sich für mich ein völlig neuer Zugang zur Geschichte. „Für die Riffstürmer war das keine neue Erfahrung, sondern eine, die sie schon häufiger gemacht haben.“ Leif nickte zu dem Steinkreis. „Diese Erfahrung ist ein großer

Lehrer, und es ist ein Glück, dass sie immer wieder zum Riffstürmer zurückkehrt, weil sie so eine wunderbare Botschaft in sich trägt: *Fang endlich an, auf deine eigene Intuition zu vertrauen, statt den Dingen immer hinterherzulaufen. Deine Intuition führt dich an die Lebensstrände, an denen du erfolgreich sein wirst. Orte, an denen du in deine Kraft kommst und deine innere Bestimmung in dieser Welt leben wirst. Da draußen warten viele Fische, an vielen Stränden …* Riffstürmer sind eigentlich auf dem Weg zu sich selbst", war Leif sich sicher.

Mir kam erneut der Vergleich mit den Schifffahrtsstraßen vom ersten Tag in den Sinn. Irgendwann ist die Zeit im Leben gekommen, das Fahrwasser der anderen zu verlassen und neue, eigene Horizonte zu entdecken.

Ich fand das eine schöne Beschreibung für den Weg, auf dem jeder Mensch sich befindet. Und um sich überhaupt auf diesen Weg zu machen, gehört sicherlich die Erfahrung des Riffstürmens dazu.

≈

Während wir so vor uns hin philosophierten, war die Eiderente die ganze Zeit damit beschäftigt, Muscheln nach oben zu tauchen.

„Wollen wir auch mal für unser Essen sorgen?", fragte ich mit Blick auf die Ente Leif, der Türmchen aus Steinen baute.

„Gute Idee! Was hältst du davon, wenn wir heute Abend Dorsch essen?"

„Prima Idee! Nur – wie wollen wir die Dorsche denn fangen?" Mir war nicht ganz klar, wie wir die Raubfische wirklich an die Angel bekommen sollten.

„Mit einer Segel-Schwimmer-Montage", antwortete Leif und griff in seinen Rucksack. „Und als Köder suchen wir uns ein paar frische

Garnelen“, begann Leif mit einer völlig neuen Regieanweisung und während er sprach, zauberte er zwei große, bunte Segel-Schwimmer aus seinem Rucksack.

„Die nehmen wir!“ Entschlossen hielt er mir die Schwimmer entgegen und kramte nach den restlichen Teilen für die Montage.

Kurze Zeit später lagen Bleie, Haken, Stopper und Wirbel am Strand. Ich hatte durchaus schon Dorsche von der Küste gefangen, aber nicht mit einer Schwimmer-Montage und schon gar nicht mitten am Tag. Dorsche gelten als absolut lichtscheu und so hatte ich meine Fische auch erst nach Sonnenuntergang erwischt. Als Köder hatte ich dunkle Küstenwobbler benutzt, mit denen man den Dorschen einen Beutefisch vorgaukelt.

„Das Wetter ist perfekt für diese Montage!“ Leif deutete auf die großen Segel. „Der ablandige Wind wird sie weit aufs Meer hinaustragen und dann spielt die Tageszeit keine Rolle mehr. Wir werden unsere Köder dort präsentieren, wo sich die Dorsche tagsüber aufhalten: im richtig tiefen Wasser.“

Der alte Mann wollte also dem Sturm etwas Gutes abtrotzen und ich fand das eine richtig gute Idee.

Die Montage war schnell zusammengebaut. Der Stopper diente dazu, die Wassertiefe festzulegen, in der wir angeln wollten. Das Blei wurde unter dem Schwimmer montiert und sollte den Köder schnell in die gewünschte Wassertiefe transportieren. Dorsche jagen direkt über dem Meeresgrund, und es gehört viel Revierkenntnis dazu, die Montage auf die richtige Länge einzustellen. Aber der alte Mann wusste bestimmt, was er tat. In den angeknoteten Wirbel wurde dann an einem Stück Vorfachschnur der Haken für den Köder eingehängt.

„Komm, wir gehen auf Ködersuche!“ Und schon ging Leif Richtung Wasser davon.

Durch den gefallenen Wasserstand fanden sich überall im seichten Uferbereich kleinere Tümpel. Es waren die Zufluchtsorte der Garnelen. Sie lagen in den Sand eingegraben und hofften genauso wie der Blasentang darauf, dass das Wasser schnell zurückkommen möge. Dabei vermieden sie jede Bewegung, weil Strandläufer und Möwen sonst sofort zupackten.

Ich spreizte meine Finger, drückte sie in den weichen Sand und zog, einer Harke gleich, fünf Furchen durch die Pfütze. Drei Garnelen versuchten aufgeregt zu fliehen und landeten in einem Joghurtbecher, den das Meer wieder ausgespuckt hatte. Auch Leif war gleich in seiner ersten Pfütze erfolgreich und mit einem Becher voller Garnelen kehrten wir an unser Strandlager zurück.

„Wo gehen wir denn jetzt angeln?“ Mir war noch nicht ganz klar, von wo aus wir die Schwimmer Richtung offenes Meer treiben lassen wollten.

„Da, an dem Ausgang der Bucht.“ Leif wies auf das Ende der Bucht, ein ganzes Stück hinter dem Bach. „Dort gehen wir so weit ins Wasser, dass wir unsere Angeln noch problemlos auswerfen können, und dann bleiben wir stehen, halten die Ruten fest und schauen den Schwimmern dabei zu, wie sie langsam aus der Bucht heraustreiben. Ich hoffe, du hast genug Schnur auf deiner Angelrolle!“ Augenzwinkernd sah Leif mich an.

Das hatte ich ohne Zweifel. Wenn eines in meinem Leben immer bestens in Schuss war, dann mein Angelgerät.

Wir legten ein paar dicke Stücke Treibholz auf unser Feuer, schnappten uns unsere Angelruten und machten uns auf den Weg. Als wir über den kleinen Bach hinweggingen, war ich richtig glücklich über sein quirliges, von keinem Staudamm beschränktes Plätschern.

„Hier ist es!“ Leif blieb ein gutes Stück hinter dem Bach plötzlich stehen und ging ins Meer. In seiner linken Watjackentasche hatte er den Joghurtbecher mit den Garnelen verstaut.

Über ein paar trockengelaufene Sandbänke erreichten wir die Wasserkante und konnten anschließend noch gut fünfzig Meter durch knietiefes Wasser waten. Der Untergrund bestand aus Sand, kleinen Steinen und einigen verstreuten Seegrasfeldern. Alles nicht zu vergleichen mit dem holprigen Grund um den Bacheinlauf herum. Mit einer gewissen Leichtigkeit kamen wir im hüfttiefen Wasser an.

Wir bestückten unsere Haken mit Garnelen und warfen die Ruten aus. Den Rollenbügel ließen wir aufgeklappt, sodass der Wind und der Schwimmer die Schnur Stück für Stück von der Rolle ziehen konnten.

Mich erinnerte dieser Augenblick an eine alte Werbung einer norddeutschen Bier-Brauerei: Zwei Angler standen in dem Spot im knietiefen Wasser, die Angel in der Hand, und schauten zum Horizont. Da kam ein Radfahrer über den Deich und rief den beiden Anglern zu: „Ey, was macht ihr denn da?“

„Wir angeln und wir reimen!“, rief ihm einer der Angler trocken zurück.

„Was reimt ihr denn?“, fragte der Fahrradfahrer neugierig.

„Wir stehen hier im Wasser und angeln auf Barsch, uns geht das Wasser bis zu den Knien!“, antwortete der Angler mit dichterischem Unterton.

„Aber das reimt sich doch gar nicht!“, schrie der verdutzte Fahrradfahrer zurück.

„Na, dann warte mal, bis die Flut kommt!“, sagte der Angler, als er sich ein letztes Mal umdrehte.

Hier gab es keinen Deich, wohl aber einen schützenden Küstenwald – und trotzdem funktionierte unser Plan. Der Wind fing sich in den Segeln der Schwimmer und trug sie weit hinaus. Mit dem Stopper hatten wir eine Wassertiefe von acht Metern fixiert, in der wir den Dorschen den Köder anbieten wollten. Leif hatte bei seiner Schätzung noch hinzugefügt, dass es auf zwei, drei Meter mehr oder weniger nicht ankommt. Bekommen die Dorsche den Ködergeruch in die Nase, verlassen sie durchaus auch ihr Grundrevier.

Eine große Spannung lag in der Luft. Wenn ein Dorsch die Garnele finden und fressen würde, würde der große Segelschwimmer plötzlich unter Wasser gezogen. Dann hieße es, schnell dagegenhalten, damit der Fisch nicht samt Schnur irgendwo zwischen den Steinen am Grund verschwand.

Konzentriert schauten wir auf die Schwimmer. Es war die totale Fokussierung. Die Welt reduzierte sich auf einen Quadratmeter Wasseroberfläche, auf der ein Segelschwimmer endlich verschwinden sollte.

Der Biss kam schnell und ohne Ankündigung. Der Schwimmer verschwand unter Wasser, und noch bevor ich den Bügel der Angelrolle umgeklappt hatte und versuchte, Druck auf den Fisch auszuüben, tauchte der Schwimmer wieder auf. Ich drehte meine Montage heran und musste feststellen, dass der Dorsch offensichtlich zu den gewiefteren Fischen gehörte: Er hatte meine Garnele vom Haken geklaut.

Schnell war der Haken neu beködert und die Rute wieder ausgeworfen. Der Fisch war zwar davongekommen, aber grundsätzlich schienen wir auf dem richtigen Weg zu sein.

Ein paar Minuten später trieb der schlaue Dorsch das gleiche Spiel an der Montage von Leif. Während Leif in dem Joghurtbecher nach einer neuen Garnele fischte, verschwand mein Schwimmer erneut unter Wasser – und dieses Mal ging unser Plan auf!

Ich klappte den Rollenbügel um, riss die Rute nach hinten, um den Haken im Fischmaul zu fixieren, und merkte augenblicklich, wie ein großer Fisch mit aller Kraft versuchte, zum Meeresboden abzutauchen. Das Gerät hielt dem Druck stand und eine Minute später zeigte sich ein Dorsch von rund einem halben Meter Länge an der Wasseroberfläche.

Ich holte den Fisch ein, betäubte und tötete ihn, nicht ohne mich vorher bei ihm zu bedanken. Das hatte ich auf meiner ersten Reise hierher gelernt, und ich fühlte, dass es gut und richtig war. Dankbarkeit ist eine Herzensangelegenheit.

Wir schenkten den restlichen vier Garnelen die Freiheit und gingen mit dem Dorsch zurück zu unserem Strandlager, wo das Feuer immer noch einladend brannte. Genüsslich tranken wir einen Kaffee und genossen die Wärme des Feuers.

Der Mann an Bord des Segelbootes hatte sich zwischenzeitlich auch eine Decke umgehängt. Die Abende konnten jetzt, Anfang Mai, richtig frisch sein am Meer, denn das Wasser hatte sich nach dem langen Winter noch nicht richtig aufgewärmt, und wenn dann der Wind über das kalte Wasser strich, fühlte sich das an, als stünde man vor einer geöffneten Kühlschranktür.

≈

Ich war glücklich. Und dieses Glück lag auch darin begründet, dass diese Reise selbst ein gutes Beispiel dafür war, wie gut es sich anfühlt, wenn man die Dinge tut, die man wirklich tun möchte.

Ich hatte das Meer und diesen alten Mann wiedersehen wollen. Dass ich jetzt hier mit ihm am Feuer saß, war ein wichtiger Teil meines spirituellen Weges, und ich stellte mit einem tiefen Glücksgefühl fest, dass ich tatsächlich schon eine ganze Weile wieder auf dieser Reise unterwegs war.

Meine spirituelle Wiedergeburt hatte auf der ersten Reise vor vier Jahren ihren Anfang genommen. Diesen Anfang jetzt zu vertiefen machte diese Reise zu etwas ganz Besonderem für mich.

„Was hältst du von gedünsteten Dorschfilets auf Bärlauchblättern?“, holte mich Leif aus meinen Gedanken.

„Bärlauchblätter?“, fragte ich etwas erstaunt und musste mir mal wieder eingestehen, dass mein Kräuter- und Pflanzenwissen wahrscheinlich noch heute nicht für die Versetzung von der dritten in die vierte Klasse genügte.

„Hast du den leichten Zwiebelgeruch in der Luft wahrgenommen?“, versuchte Leif, mich langsam an die Pflanzen heranzuführen.

„Doch, schon! Das ist der Geruch von Bärlauch?“ Natürlich war mir dieser intensive Geruch nicht verborgen geblieben.

„Ja, er wächst hier überall im Küstenwald. Komm mit, wir ernten ein paar frische Blätter!“ Leif forderte mich mit einer Kopfbewegung auf, ihm in den Wald zu folgen.

Wir machten uns also auf Bärlauchsuche im Küstenwald – wobei, *Suche* war wirklich ein zu großes Wort für diese Aktion, denn es war nahezu unmöglich, einen Fuß vor den anderen zu setzen, ohne auf Bärlauch zu treten.

„Das ist ja der Hammer!“ Angesichts der Fülle rang ich um die richtigen Worte. „Das ist wirklich alles Bärlauch?“ Erstaunt blickte ich auf den riesigen, bodennahen Blätterwald.

„Alles! Und wir suchen uns die besten Blätter aus.“ Und schon machte sich mein tatkräftiger Guide daran, sich auf Knien den Pflanzen anzunähern.

„Hier, probier mal!“ Voller Finderstolz reichte er mir ein Bärlauchblatt.

Als sich nach dem ersten Bissen der knoblauchartige Geschmack in meinem ganzen Gaumen verteilte, kannte meine Begeisterung keine Grenzen mehr. Während ich noch in den ersten genießerischen Momenten schwelgte, war Leif schon ein Stück weiter auf unserer kulinarischen Reise.

„Frischer Bärlauch ist auch perfekt, um daraus ein Pesto zu machen! Klein gehackt, mit Olivenöl angereichert und mit geriebenem Parmesan und gerösteten Pinienkernen verfeinert, ist das wirklich ein Genuss!“

Mir lief schon bei Leifs Beschreibung das Wasser im Mund zusammen.

„Wir nehmen ein paar Blätter mehr mit, dann können wir morgen gleich ein Pesto zusammenrühren.“

≈

Mit zwei Händen voll erlesener Bärlauchblätter und einem guten Plan für den nächsten Tag kehrten wir aus dem Küstenwald zurück. Zu diesem Zeitpunkt wusste ich noch nicht, wie sehr mich der kulinarische Tagesplan noch umhauen würde.

„Während du den Dorsch filetierst, bereite ich die Feuerstelle vor“, sagte Leif und schob die brennenden Holzstücke in der Mitte zusammen.

Ich nahm den Fisch am Wasser aus und filetierte ihn anschließend auf einem ebenen Stein, der völlig freigespült auf einer Sandbank lag. Das weiße Fleisch des Fischs war fest und sah sehr kräftig aus. Nach dem Filetieren blieben nur ein paar größere Gräten im Filet übrig. Es war gar nicht so einfach, sie mit bloßen Fingern aus dem Muskelfleisch zu ziehen. Die Filets waren ohne Frage Energie pur!

Als Leif die Feuerstelle vorbereitet hatte, kam er kurz ans Wasser und bat mich, die Filetstücke in ganz dünne Scheiben zu schneiden. Ohne ein scharfes Filetiermesser eine unmögliche Aufgabe, aber auf meine Fähigkeiten als Messerschärfer war schon immer Verlass gewesen.

Zurück am Lagerfeuer konnte ich erkennen, dass Leif die ersten Bärlauchblätter bereits auf einem der großen Granitsteine platziert hatte, die unsere Feuerstelle umrahmten. Die Steine hatten den ganzen Tag über die Wärme des Feuers aufgesogen. Leif strich etwas Kräuterbutter über die Bärlauchblätter und legte anschließend die Fischstücke darauf. Die Kräuterbutter hatte er ebenso wie Pfeffer und Salz aus seinem Rucksack gezaubert. Mit den Gewürzen veredelten wir unser Fischgericht.

Der Fisch wurde gemeinsam mit dem Bärlauchblatt auf dem Granitstein gegart. Es dauerte kaum fünf Minuten, da waren die leckeren Häppchen fertig. Fingerfood vom Feinsten! Niemals zuvor hatte ich so guten Dorsch gegessen!

≈

Als wir nach dem Essen den Tag mit einem verträumten Blick auf das Meer ausklingen ließen, fragte ich Leif: „Wie fühlt es sich denn im Körper an, wenn der innere Staudamm bricht oder nicht mehr da ist?“

„Was ist dein Lieblingssong im Augenblick?“, stellte Leif mir eine unerwartete Gegenfrage.

„*Rolling in the deep* von Adele.“ Die Antwort fiel mir nicht schwer, denn es verging im Augenblick kaum ein Tag, an dem ich den Song nicht mindestens einmal hörte.

„Stell dir vor, du reißt alle Fenster in deinem Haus auf, ziehst deine Schuhe und Strümpfe aus, legst die CD ein und hörst *Rolling in the deep* so laut, dass alles andere um dich herum in dem Lied verschwindet. Und dann fängst du an zu tanzen! So fühlt es sich an, wenn der Damm bricht! Wenn Dämme brechen, bedankt sich dein Herz mit einer Gänsehaut oder dir laufen Freudentränen über das Gesicht, und diese Tränen tragen das Wasser der Quelle in sich!“, sagte Leif mit einem sanften Lächeln auf dem Gesicht. Man kann mit einem Lied den Staudamm überwinden, genauso wie mit einem Fisch und wahrscheinlich mit ganz vielen anderen Dingen.

≈

Als ich am Abend ins Ferienhaus zurückkehrte, nahm ich mir noch die Zeit, an meiner Liste mit den Dingen zu arbeiten, die ich unbedingt noch sehen oder erreichen wollte. Die Liste, die mich irgendwann vielleicht zufriedener Rückschau halten lässt, wenn ich einmal selbst am Übergang zum Nachthimmel stehe. Eine Liste, mit deren Umsetzung man nicht allzu lange warten sollte …

Der fünfte Tag:

Der Korken und der Specht

Von den Vögeln nach ihrer Art, von dem Vieh nach seiner Art und von allem Gewürm auf Erden nach seiner Art: von dem allen soll je ein Paar zu dir hineingehen, dass sie leben bleiben.

1. Mose 6,20[2]

Die Vögel hatten an diesem Morgen ihre Stimmen wiedergefunden, denn der mächtige Sturm war vorübergezogen. Geblieben war ein leichter warmer Wind, der auf südliche Richtung gedreht hatte. Beim Blick von der Terrasse des Sommerhauses auf das Meer war nicht zu übersehen, dass das Wasser an die Strände zurückgekehrt war. Die Sandbank lag wieder unter Wasser, und während ich meinen Morgenkaffee trank, freute ich mich für die Wasserpflanzen, die den Sturm unbeschadet überstanden haben dürften. Länger als vier Tage durfte das Wasser nicht wegbleiben, hatte Leif gesagt – es waren genau vier Tage gewesen.

Der Specht war immer noch nicht fertig mit der widerspenstigen Strandkiefer. Sein Hämmern auf den Stamm klang entschlossen und kräftig. Ich war wirklich gespannt auf die Geschichte, die Leif mir über den Specht erzählen würde…

Wie jeden Morgen fuhren wir, ohne viel zu reden, die Küste hinauf zu unserer kleinen Bucht. Jeder hing seinen Gedanken nach und ich fühlte, wie das Bild von dem Fluss und dem Staudamm immer tiefer in mir arbeitete. Mir wurde immer klarer, dass ich nur an meinem eigenen Staudamm arbeiten kann.

Ich musste innerlich schmunzeln über die ungezählten Versuche in meinem Leben, die Staudämme anderer Menschen zum Einsturz zu bringen. Den Staudamm meines Vaters, meiner Mutter, die Staudämme der Frauen in meinem Leben und zu guter Letzt die meiner Kinder. Ich wusste immer ganz genau, was den anderen dazu verhelfen würde, glücklicher und erfüllter zu sein. Würde es den Beruf des „Staudamm-Sprengmeisters“ geben, wäre ich das beste Beispiel, wie man so einen Job mit Leben füllt.

Ganz wichtig sind bei so etwas Sätze, die mit „Du solltest mal…“ oder „Ich denke, du…“ anfangen. Als Staudamm-Sprengmeister ist man nie um eine Lösung verlegen. Es ist doch wirklich eine spannende Frage, warum es soviel leichter ist, die spirituellen Staudämme der anderen zu entlarven, als seine eigenen.

Dabei kann jeder Mensch nur seinen eigenen Staudamm auflösen, das hatte ich nun endgültig begriffen.

≈

Als wir den Strand erreichten, sahen wir, wie das Segelboot langsam aus der Bucht heraus auf das offene Meer fuhr. Der Mann hielt das große Ruder an Deck des Schiffes fest in Händen und ich wünschte ihm von Herzen, dass der Kurs, den er einschlug, der Kurs seines Herzens war. Ich schaute dem Boot lange Zeit nach. Uns verband eine gemeinsame Geschichte.

Eine der Fragen, die ich gestern vom Strand ins Ferienhaus mitgenommen hatte, war, wie ich nicht nur mein inneres „Flussbett" freischaufeln, sondern auch wieder in Kontakt mit meinem Herzen kommen konnte.

„Hör auf das, was dein Herz dir sagt!" Ja, diese viel zitierte Weisheit hatte ich oft gehört, und doch war sie so schwer mit Leben zu füllen.

„Ich hab schon damals vor vier Jahren angefangen, meinen Staudamm abzutragen. Seitdem ist mein Lebensfluss auch wirklich wieder kräftiger und bestimmter geworden, und ich spüre, dass ich den Kontakt zu meinem göttlichen Kern langsam wiederentdecke. Aber manchmal weiß ich ehrlich gesagt immer noch nicht so richtig, was mein Herz mir eigentlich sagen will."

Von dieser Unsicherheit erzählte ich Leif, als wir damit begonnen hatten, unsere Angelruten wieder von den Schwimmer-Montagen zu befreien.

„Das ist manchmal auch wirklich nicht ganz einfach, und da spreche ich aus Erfahrung!“, schmunzelte er und kramte nach seiner Thermoskanne.

„Als wir gestern darüber sprachen, dass wir mit unseren Gedanken die Wahl haben, Staudämme zu bauen oder sie einzureißen, musste ich an zwei Geschichten denken, die mir auf meiner Lebensreise begegnet sind.“

„Sie haben auch mit deinem Glauben zu tun, oder?“ Ich ahnte, dass der alte Mann jetzt aus seinem spirituellen Nähkästchen plaudern würde.

Ohne direkt auf meine Mutmaßung zu antworten, kehrte er zu unserem gestrigen Gespräch zurück. „Wenn man irgendwann angekommen ist in der Welt des Staudammlebens, in einem Leben, das so gar nicht vor Kraft und Freude sprüht und in dem man das Gefühl hat, nur zu funktionieren und nicht zu leben, dann beschleicht einen jeden Tag ein Gefühl von Mangel.“

„Von Mangel?“, fragte ich nach, unsicher, ob ich den alten Mann richtig verstanden hatte.

„Ja, Mangel! Es mangelt uns an Freude, Glück, Selbstbestimmung, Kraft, Vitalität, Achtsamkeit, Visionen. Es fehlt an so vielen Dingen, die das Leben lebenswert machen. Wie soll ein Mensch, der mit solchen Mangelerscheinungen kraftlos durchs Leben schleicht, die Energie finden, diesen Zustand endlich zu ändern?“ Leif schaute mich mit hochgezogenen Augenbrauen an.

„Na, indem er sein Denken ändert!“ Das war mir seit gestern ziemlich klar.

„Genau! Aber woher soll man überhaupt die Lust und die Motivation bekommen, das eigene Denken zu ändern, wenn man nicht auf die Keule des Schicksalschlags als Sprengstoff warten will? Ich habe die Erfahrung gemacht, dass Dankbarkeit der beste

Wirkstoff ist, um sein Leben wieder mehr und mehr selbst zu bestimmen.“

„Wie soll ich das verstehen?“ Mir war der Zusammenhang zwischen Dankbarkeit und der Motivation, den Staudamm abzutragen, nicht so ganz klar.

„Wenn ich dankbar bin, bin ich mit Gott verbunden. Dankbar ist man ja nicht einfach so im luftleeren Raum, sondern mein Dank braucht einen Adressaten. Ich habe mir in Krisenzeiten jeden Morgen und jeden Abend die Zeit genommen, mir fünf Dinge in meinem Leben bewusst zu machen, für die ich dankbar bin, und es war nur ein kurzer Weg, bis sich in meinem Leben wieder ein Gefühl von Fülle statt von Mangel einstellte. Ich habe für meine Gesundheit gedankt, für meine Frau, für meine Freunde, für meine Talente, für die Meerforellen, das Meer, den Sonnenschein, die Wellen, den Bärlauch, den Erfinder der *Polar Magnus*, die Bäche, die Kaffeebohne, die Freiheit, die eigene Zeit, für Hermann van Veen und Tom Hanks. Du lenkst deinen Fokus auf die Fülle statt auf den Mangel. Und jeden Tag entdeckst du dann neue Dinge, für die du dankbar sein kannst; Dinge, die du einen Tag vorher noch gar nicht auf dem Zettel hattest. Du fühlst dich immer reicher beschenkt und das bist du ja auch.“

Zufrieden lehnte Leif sich zurück. „Was glaubst du, wer bekommt das Baumhaus wirklich fertig? Derjenige, der morgens aufsteht und das Gefühl hat, sein Leben sei eine einzige Mangelerscheinung, oder der, der sich bewusst ist, wie viele Schätze ihn in seinem Leben umgeben? Der erste Schritt, um die Lust und die Motivation zu finden, in seinem Leben etwas zu verändern und die spirituelle Reise wieder aufzunehmen, ist die Dankbarkeit!“

So, wie Leif es erklärte, klang es total logisch. Trotzdem wäre ich auf den Gedanken nie gekommen, dass alles mit Dankbarkeit seinen Anfang nimmt.

„In der Dankbarkeit entdeckst du wieder, was für ein reiches und glückliches Leben dir geschenkt ist. Und ich glaube, dass derjenige, der uns dieses Leben geschenkt hat, will, dass wir morgens pfeifen, dass wir, statt den Spatz festzuhalten, nach den Sternen greifen und ein wildes, fröhliches und selbstbestimmtes Leben leben, im Inneren genauso wie im Außen. Glaub's mir: Dankbarkeit verändert dein Denken und sie verbindet dich mit Gott!"

Leif blickte fröhlich über den Strand. „Diese Erkenntnis stammt aus einer Zeit in meinem Leben, in der ich mit mir selbst gehadert und oft genug Gott dafür verantwortlich gemacht habe, wenn die Dinge nicht gut liefen."

Ich war berührt von der Kraft und der Klarheit seiner Worte und es war wirklich nicht schwer zu fühlen, dass Dankbarkeit im Leben eine gute Basis ist, um sich seiner inneren Reise wieder zuzuwenden. Echter Staudamm-Sprengstoff!

≈

„Hast du schon einmal gebetet?" Leif sah mich neugierig an. „Aus tiefem Herzen das Gespräch mit Gott gesucht?"

Die Frage überraschte mich. Wenn ich ehrlich war, konnte ich mich nur an zwei Gelegenheiten in meinem Leben erinnern, in denen ich wirklich die Hände gefaltet und versucht hatte, mit Gott zu sprechen. Der erste Versuch stammte aus der Zeit, in der es noch Kaugummiautomaten mit Drehknöpfen gab, und es ging darum, Gott davon zu überzeugen, dass er mein Meerschweinchen noch nicht sterben lassen sollte. Doch er ließ sich nicht auf meine Bitte ein.

Der zweite Versuch lag vielleicht gerade ein, zwei Jahre zurück. Es war bei einem meiner letzten Besuche an der Küste. Ich betete darum, dass niemand auf dem Riff stehen würde, wenn ich mit meiner Rute über den kleinen Vordeich hinunter zum Meer ging. Ich wollte an diesem Tag unbedingt allein auf diesem Platz angeln: „Lieber Gott, bitte mach, dass da keiner steht!“

Gott machte, und ich war irgendwie nicht sonderlich überrascht, dass das Gebet gefruchtet hatte. „Ich hatte nicht einmal die Hände gefaltet, weil ich gerade Auto fuhr“, erklärte ich Leif und musste über mich selber lachen.

Nein, Gebet war kein wirklicher Bestandteil in meinem Leben

Für mich gehörte Beten, zumindest bisher, in die Kirche, in die Friedhofskapelle, in den Konfirmandenunterricht und für brasilianische Fußballspieler vielleicht noch in den Anstoßkreis.

„Ich habe die Erfahrung gemacht, dass das Gebet eine gute Möglichkeit ist, sich mit Gott auszutauschen. Ganz direkt, vorbei an jedem Staudamm. Und die beste Methode, wie man die Unsicherheit, was das eigene Herz einem sagen will, wunderbar klären kann!“, machte Leif sein Nähkästchen weiter auf.

An dem Rucksack von Leif hing ein alter runder Korken. Er hatte ihn mit einem Stück Schnur an einem der äußeren Riemen angeknotet. Der Korken war mir schon vor vier Jahren bei meinem ersten Besuch auf der Insel aufgefallen, und niemals hätte ich geahnt, dass er jetzt eine Antwort auf meine Frage sein würde.

„Ich werde dir eine Geschichte über das Beten erzählen, die mir vor zwanzig Jahren passiert ist, und dieser Korken ist der Hauptdarsteller darin!“, lachte Leif und tippte mit seinem rechten Zeigefinger auf den Korken.

Also, jetzt war ich wirklich gespannt!

„In einem meiner Seminare war ein Mann damit beschäftigt, den gestrandeten Müll vom Strand aufzusammeln. Er wollte dem Strand seine ursprüngliche Schönheit zurückgeben“, begann Leif.

„Am nächsten Vormittag unterhielten wir uns über seine Aktion und darüber, was er alles am Strand gefunden und in den Müllsack gesteckt hatte: unzählige Plastikflaschen, Zigarettenkippen, eine Rasierschaumdose, einen Plastikkamm, zwei Glühbirnen, einen Joghurtbecher, eine Sonnenbrille, einen Gummihandschuh, eine Farbdose, vier Flaschenverschlüsse und diverse andere Dinge. Ich erzählte ihm, dass manchmal zwischen diesem zivilisatorischen Strandgut auch kostbare Schätze zu finden sind, zum Beispiel diese alten runden Korken, die die Fischer für ihre Langleinenfischerei auf Lachs verwendeten. Die Korken dienten als Schwimmer. Auf der Wasseroberfläche treibend hielten sie den Köderfisch an einer dicken Schnur mit Haken in der gewünschten Wassertiefe. Die lag meistens zwischen fünf und zehn Metern. Dieses Wissen hatten sich die Fischer über Generationen erworben, denn bei durchschnittlichen Wassertiefen von achtzig Metern gehörte schon eine Portion Optimismus dazu, den Köderfisch so dicht unter der Wasseroberfläche anzubieten."

Leif genoss seinen Ausflug in die Geschichte der Lachsfischerei sichtlich. „Aber zu dem immer wiederkehrenden Jagdzyklus der Lachse gehört auch ein täglicher Besuch an der Wasseroberfläche. Den Fischern spielte dieses Verhalten absolut in ihre Karten, denn es wäre ungleich schwerer gewesen, mit den Langleinen in fünfzig oder sechzig Metern Wassertiefe zu fischen. Damit die Fischer ihre Leinen in den Wellenkämmen schnell wiederfinden konnten, hatten sie die Korken mit knallgelber Signalfarbe angemalt und anschließend mit ihrer Fischereinummer beschriftet, so wollte es das Gesetz."

Leif zeigte auf die mittlerweile fast vollständig verblichene Fischereinummer auf seinem gefundenen Korken. „An einer Langleine waren etwa fünfzig dieser Schwimmer angeknotet. Der Abstand zwischen den einzelnen Korken betrug rund eineinhalb Meter. Weil die Korkstücke schon vor dreißig Jahren durch Plastikschwimmer ersetzt

worden waren, mussten die Korken der Lachsfischer schon sehr alt sein. Dazu die besondere Veredelung durch das Salzwasser – diese Korken waren ohne Zweifel ein wertvoller Rohstoff. Auf dem Weltmarkt sind die Korkpreise im letzten Jahrzehnt so sehr gestiegen, dass zum Beispiel die Angelgeräte-Industrie längst dazu übergegangen ist, die ursprünglichen Vollkorkhandgriffe an den Angelruten durch dünne Korkmatten zu ersetzen. Sieht zwar nach Kork aus, das war es aber auch schon. Dieser zusammengeklebte Krümelkram bröckelt sehr schnell auseinander und hält den Vergleichen mit den ursprünglichen Vollkorkgriffen nicht im Ansatz stand."

Ich wusste nur zu gut, wovon Leif sprach, weil ich mich schon des Öfteren über mein dahinbröckelndes Handteil der Angelrute aufgeregt hatte.

„Auch Weintrinker haben die Veränderung der Weltmarktpreise für den Rohstoff Naturkork längst an der Einführung des Schraubverschlusses zu spüren bekommen", machte Leif mit seiner Geschichte noch einen Ausflug in die Weinregale der Discounter.

„Ein Werkzeugmacher auf der Insel hatte schon vor vielen Jahren den Wert der Langleinen-Korken erkannt. Er entfernte die Farbe, schmirgelte die Korken mit feinem Sandpapier ab und veredelte anschließend die Handteile seiner selbst gefertigten Werkzeuge mit den restaurierten Fundstücken. Er ist sogar in die vielen kleinen Fischerdörfer der Insel gefahren, um den Fischern ihre alten Lachskorken direkt abzuschnacken und wenn Reden allein nicht genügte, auch mit Hilfe seines Portemonnaies Überzeugungsarbeit zu leisten. Ich erzählte dem Mann, wie sehr ich mich jedes Mal freute, wenn ich einen dieser Korken am Strand fand und dass der größte bisherige Fund sieben Korken an einem Reststück Langleine waren. Die Wahrscheinlichkeit, noch Korken am Strand zu finden, sinkt mit den Jahren immer mehr, weil nur sehr wenige Uralt-Fischer die Korken überhaupt noch verwenden. Und die Landbestände sammelt ja der Werkzeugmacher ein … Wenn heute mächtige Stürme wüten und die Langleinen aus ihrer Verankerung reißen, werden meist nur noch Schwärme von Plastikschwimmern auf die Reise Richtung Strand geschickt."

Ich seufzte – noch mehr Plastikmüll brauchte das Meer wirklich nicht.

„Im letzten Winter machte ich allerdings eine schöne Entdeckung – ich fand zwei Lachskorken mit einer SE-Kennzeichnung, was so viel bedeutete wie: *Super, auch die schwedischen Fischer verwenden diese Korken.* Und in der Hoffnung, dass es in Schweden keine pfiffigen Werkzeugmacher gibt, sah ich das als Silberstreif der Hoffnung am Korkenhorizont", freute sich Leif und kam dann zurück auf die Begegnung mit seinem Seminarteilnehmer.

„Je länger ich dem Mann von den Korken erzählte, desto trauriger blickte er allerdings drein, bis er schließlich erklärte: ‚Ich habe gestern zwei dieser Korken bei meiner Strandreinigungsaktion gefunden und sie nichts ahnend im Müllsack verschwinden lassen. Den Sack habe ich gestern Abend im Müllcontainer vor unserer Ferienhaussiedlung entsorgt und der wurde heute Morgen entleert …' Der Tag darauf war der letzte Seminartag und ich fand es eine gute Idee, dem Mann zum Abschied einen Korken aus meiner Fundstückesammlung zu schenken. Er dankte es mir mit einem breiten Lächeln und einer dicken Umarmung. Es war das letzte Seminar in dem Frühjahr und ich war an einem Punkt in meinem Leben angekommen, an dem ich die Weichen für meine berufliche Zukunft neu stellen musste", beschrieb Leif seine damalige Lebenssituation.

„Auf der einen Seite war da die Lust und das Herzensfeuer, die Seminararbeit weiter auszubauen, und auf der anderen Seite die Bedenken, ob die Familie dann in den nächsten paar Jahren bei trocken Brot und Wasser den Preis für diese ohne Zweifel im Moment sehr risikofreudige Variante der Lebensentscheidung würde bezahlen müssen. In meinem Herzen gab es eigentlich keine Alternative, aber der Verstand ging schon mal trocken Brot holen … In mein abendliches Gebet nahm ich diese Gedanken mit auf und in der stillen Hoffnung auf eine Antwort schlief ich ein.“

Ich lauschte begeistert. Normalerweise erzählte Leif nicht ganz so persönliche Geschichten, und so fand ich diese besonders spannend.

„Am nächsten Morgen wachte ich unerleuchtet wieder auf, ohne in den nächtlichen Visions- und Traumwelten eine Antwort erhalten zu haben. Stattdessen hatte ich geträumt, der Erfinder der größten Softeis-Maschine der Welt zu sein“, lachte Leif. „Nach dem Aufstehen zog ich meine Laufschuhe an und machte mich auf zu meinem morgendlichen Strandlauf. Vorbei an ein paar Touristen mit trockenen Broten unter den Armen lief ich hinunter an den Strand. Ich bin jeden Morgen die gleiche Strecke gelaufen. Acht Kilometer feinster Sandstrand. Vier Kilometer hin und vier Kilometer wieder zurück, und immer möglichst dicht an der Wasserlinie. Ich sah den Korken schon von Weitem. Die gelbe Farbe war untrüglich, was mich allein noch stutzig machte, war die Tatsache, dass ich auf dieser Strecke noch nie einen gestrandeten Langleinen-Korken gefunden hatte. Zwölf Jahre lang bin ich jeden zweiten Morgen diese Strecke gelaufen, und der spektakulärste Fund in all den Jahren war ein Bernstein in halber Daumennagelgröße. Ich hatte in der Zeit 38 Korken an den Inselstränden gefunden, aber nicht einen einzigen auf der Laufstrecke. Ich hob den Korken auf, schaute zum Himmel und ein tiefes Glücksgefühl breitete sich in mir aus. Auf dem Rückweg vom Strand sah ich nur noch fröhliche Menschen auf dem Weg an das Meer. Die Weichen waren gestellt!“, schloss Leif seine Geschichte und bot mir noch einen Becher Kaffee an.

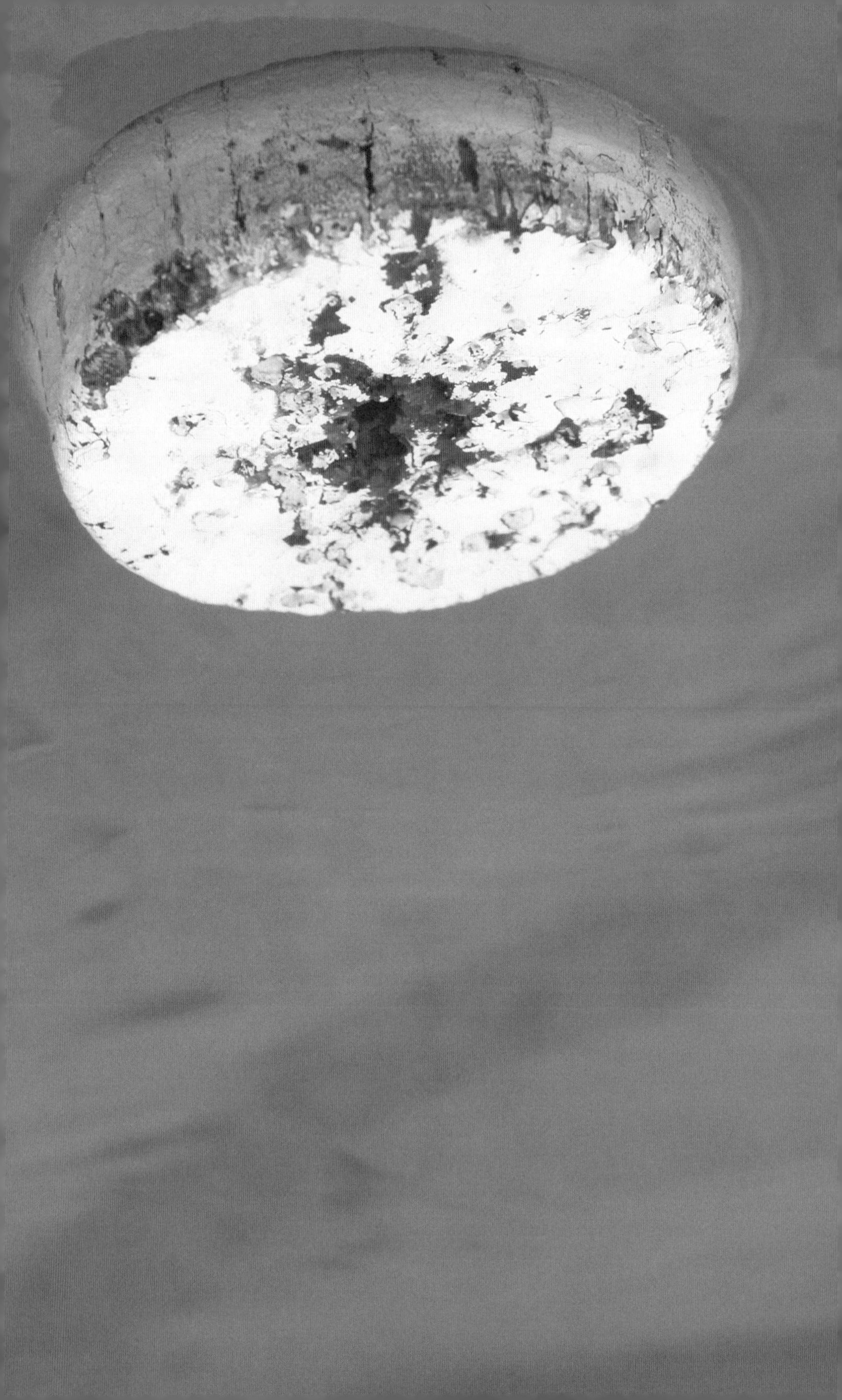

In mir machte sich eine merkwürdige Stimmung breit. Einerseits war diese Geschichte so einfach und klar, und andererseits konnte das doch nicht die Antwort auf meine Frage sein. Ich empfand das schlicht und ergreifend als zu einfach!

„Hast du danach wirklich die Seminararbeit ausgeweitet?“ Ich wollte wissen, ob Leif dem gefühlten Ereignis auch Taten folgen ließ.

„Aber ja!“, kam die überzeugte Antwort. „Und ich habe die Entscheidung nicht einen Tag bereut!“, unterstrich Leif noch einmal sein Vertrauen in die Ereignisse. Und Vertrauen war auch das Stichwort für die Deutung seiner Geschichte.

„Ich kann dir die Zweifel an der Geschichte ja quasi an den Augen ablesen!“, sagte er. „Aber wenn ich meine Bitte um eine Antwort im Gebet ernst gemeint habe, dann muss ich doch auch die Antwort ernst nehmen, oder?“ Leif blickte mich fragend an und kam fast ohne Umschweife zu der eigentlichen Problematik. „Da liegt nämlich der Hase im Pfeffer“, schmunzelte er. „Wenn ich das mit dem Gebet wirklich ernst meine“, und Leif ließ keinen Zweifel daran, dass man sonst das Beten besser lassen sollte, „dann muss ich doch auch bereit sein, die Antwort zu empfangen, oder?“

„Das stimmt!“, pflichtete ich ihm bei, obwohl ich mir ganz und gar nicht sicher war, wie ich das alles finden sollte.

„Die Menschen beten zwar durchaus, besonders in Notsituationen, aber oft passt ihrem Verstand die Antwort, die sie erhalten, überhaupt nicht in den Kram!“ Dabei blickte Leif versunken in seinen Kaffeebecher.

„Du meinst, sie laufen an dem Korken vorbei“, griff ich das Bild seiner Geschichte auf, „weil sie etwas anderes erwartet haben oder weil sie eigentlich doch nicht den Mut haben, ihrem Herzen zu folgen?“

„Vielleicht stellen sie auch zuerst gar keinen Zusammenhang zwischen ihrem Gebet und der Tatsache her, dass da plötzlich ein Korken am Strand liegt!“, nahm er den Faden auf. „Das Herz freut sich, aber der Verstand ordnet das als Zufall ein und schaltet schnell wieder weg! Wenn etwas wirklich eine Herzenssache für dich ist, wirst du durch ein Gebet, wenn du es wirklich ernst meinst, immer auch eine Herzensantwort bekommen. Und es sind meist die Art von Antworten, mit denen es Staudammbauer schwer haben!“, fasste Leif seine Geschichte noch einmal zusammen. „Weil die Antwort von der anderen Staudammseite kommt und oft nicht logisch scheint oder manchmal sogar allem zuwiderläuft, was dein Verstand dir sagt.

„Das klingt am Ende fast zu schön, um wahr zu sein!“ Ich schaute zu dem alten Mann, der mit seinem geöffneten Nähkästchen vor mir saß.

„Es war meine Intuition, mit der ich die Antwort Gottes wahrgenommen habe, nicht mein Verstand. Sie ist es, die uns mit dem Schöpfer verbindet. Sie ist ein göttliches Geschenk, und wir müssen sie manchmal genauso wieder aus dem Staudamm kramen wie all die anderen schönen Dinge im Leben!“

„Gar nicht so einfach für jemanden wie mich, der vielleicht auch irgendwie diese ursprüngliche Gottesnähe in sich trägt, aber mit zwei, drei Betversuchen, davon einer ohne Händefalten, über die Jahre gekommen ist! Dann ist das Ganze eher albern, doof und nicht von dieser Welt.“

„Ist es ja auch nicht!“, lachte Leif. „Es ist die Verbindung zum großen Ganzen!“

„Wie war das mit den Gedanken, Daniel? Statt *albern, doof* und *nicht von dieser Welt* könntest du ja auch denken, dass Gott dir Orientierung gibt, dir Mut macht und dass du zu einer Beziehung zurückkehrst, die zum Menschsein untrennbar dazugehört und die ein ganz natürlicher Teil von dir war, bevor du dein Herz nicht mehr aufgesammelt, sondern liegen gelassen hast. Unsere Gottesbeziehung können wir nicht mit unserem Verstand greifen, sie ist in unsere Herzen gepflanzt!“

Ich war so geplättet, dass ich gar nichts sagen – oder denken! – konnte.

„Was würde sich denn schöner, lebendiger und kraftvoller anfühlen? *Gott gibt es nicht*, oder: *Gott ist die Quelle, aus der ich schöpfen kann*? Und antworte nicht mit deinem Verstand, sondern mit deinem Herzen!“ Leif lehnte sich zufrieden zurück.

Mir fielen gerade eine Menge, Menge Steine vom Herzen, und in dieser großen Erleichterung nahm mein Herz das Ruder wieder in die Hand. Und aus tiefster Überzeugung antwortete ich: „Es fühlt sich einfach großartig an, Gott in meinem Leben wiederzuentdecken!“

≈

Das Segelboot war längst am Horizont verschwunden und das Wasser drängte zurück in die Bucht und auf den Strand. Es war Zeit, angeln zu gehen. Ich hatte schon während der letzten halben Stunde beobachtet, dass mit dem Wasser auch die Hornhechte in die Bucht zurückgekommen waren. An vielen Stellen durchbrachen sie mit ihren Schnäbeln die Wasseroberfläche und tanzten sich in den Paarungsrausch.

„Schmeckt die Kombination Bärlauchblatt und Filet vom Hornhecht eigentlich auch?“, fragte ich Leif, der seine Wasserkugelmontage fast schon wieder fertig hatte.

„Aber ganz wunderbar!“, sagte er mit einem verzückten Lächeln und erklärte auch gleich, welcher Teil des Fischs sich zum Garen besonders gut eignete. „Die Filetstücke zwischen Waidloch und

Schwanzspitze sind ideal für diese Art der Zubereitung. Und den Rest des Fischs legen wir direkt auf den Grill."

Mir lief schon das Wasser im Mund zusammen und selbst die Bedenken, die ich am zweiten Tag bei dem Gedanken gehabt hatte, liebestolle Fische zu fangen, lösten sich angesichts des zu erwartenden kulinarischen Genusses einfach in Luft auf. Ich nahm meine Angel und machte mich auf zu der tiefen Rinne, in der ich die größten Hornhechte vermutete. Der steigende Wasserstand machte das Waten nicht gerade einfacher, aber Leifs Plateau-Watschuhe gab es ja noch nicht.

≈

Kurze Zeit später stand ich sicher an dem Platz, von dem ich meine Angel auswerfen wollte. Mir kamen plötzlich meine Staudammsteine in den Sinn. Ein Stein, den ich gestern entfernt hatte, hieß: *Ich darf nicht so oft zum Angeln ans Meer fahren!* Er stammte aus der „*Das tut man nicht*"-Staudammstein-Serie. Eine Serie, die sich über Jahrzehnte durch ihre absolute Quellwasser-Undurchlässigkeit und ihren harten, widerstandsfähigen Beton auszeichnete, der selbst größten Drucksituationen standhielt. Ein Großteil meiner Staudammsteine kam, da war ich mir mittlerweile sicher, genau aus dieser Serie.

Jedenfalls fühlte er sich einfach gut an, dieser Gedanke, dann ans Meer zu fahren, wenn ich das wollte. Nur so konnte ich mich zurück in den Lebensfluss bringen, das hatte die Erfahrung mich gelehrt!

„ICH FAHR ANS MEER, WANN ICH WILL!", schrie ich und warf meine Angel aus.

Die Hornhechte waren zwar in der Bucht, aber sie waren nicht in Beißlaune. Immer wieder attackierten sie die Fliege, schnappten aber nicht richtig zu. Ich erschrak jedes Mal, wenn ein kräftiger Ruck die Angelrute durchzuckte, um dann ein ums andere Mal erstaunt festzustellen, dass die Fische nur mit der Fliege spielten. Was blieb, war die Hoffnung, dass es einer der Hornhechte vielleicht doch irgendwann ernst meinen würde.

Ich war abhängig von der Laune eines Fischs!

Egal. Ich stand weit draußen im Meer, um mich herum eine riesige Wasserwüste, und wie jedes Mal, wenn ich beim Angeln im Meer stand, merkte ich, wie alles andere von mir abfiel. Kein Lärm, keine Ablenkung, nur ich und das Meer. Mit jeder Minute länger da draußen spürte ich, wie Geist und Körper ruhiger wurden. Es entstand ein neuer Raum. Ein Raum, in dem sich ein neuer Rhythmus ausbreitete. Der Rhythmus von Wind, Wellen und einem ewigen Horizont. Er drang in jede Körperzelle und ließ mich spüren, dass ich mit allem verbunden war. Dem Meer, dem Wind, den Fischen und mit mir selbst.

So fühlte es sich also an, wenn das Leben rundum stimmig ist. Ein Leben, in dem sich das innere Wissen nach außen kehrt.

≈

Mit einem kräftigen Ruck an meiner Angelrute beendete ein Fisch meine kleine Gedankenreise. Mein Blick schweifte zur Schwimmkugel und ich musste wirklich zweimal hinsehen, denn der Schwall, der sich da am Vorfachende aufbaute, konnte unmöglich von einem Hornhecht stammen. Und tatsächlich, eine Meerforelle hatte sich die *Polar Magnus* gepackt und den Geschehnissen eine neue Dramatik gegeben.

Auf alles war ich vorbereitet gewesen, aber ganz bestimmt nicht darauf, dass eine Meerforelle zwischen den tanzenden Hornhechten den Weg zu meinem Haken fand. Das Leben ist doch immer für Überraschungen gut!

Erst als ich wenig später mit dem Fisch zum Lagerplatz zurückging, kam mir die Frage in den Sinn, ob das Meerforellenfleisch mit einem Bärlauchblatt auch ein kulinarisch harmonisches Ganzes geben würde.

„Komischer Hornhecht!“, schmunzelte Leif, als er meinen Fang sah.

„Es gibt noch eine Möglichkeit, die eine Meerforelle unter vierhundert Hornhechten zu fangen“, lachte ich. „Man nimmt es sich gar nicht erst vor!“

„Das scheint eine sehr erfolgreiche Methode zu sein!“, sagte Leif voller Begeisterung mit Blick auf meinen Fisch.

„Wie schmeckt denn Meerforellenfilet gedünstet auf Bärlauchblatt?“, fragte ich ihn.

„Das schmeckt ganz hervorragend! Komm, ich zeige dir, wo man den Bärlauch hier im Wald findet, und dann kann ich dir auch noch etwas anderes zeigen!“

„Noch etwas?“, fragte ich neugierig zurück.

„Ja. Es gehört zu der Antwort auf deine Frage, wie man ergründet, was das eigene Herzenswissen eigentlich ist.“

„Hat es mit dem Specht zu tun?“ Ich ahnte, was Leif in Gedanken vorbereitete.

„Ja, genau! Komm, wir gehen in den Wald!“ Leif klopfte mir auf die Schulter und machte sich auf den Weg.

≈

Der Übergang vom Strand in den Wald war fast fließend. Lagen die Strandsteine gerade noch unter freiem Himmel, waren sie ein paar Meter weiter von Moosen und Farnen überwachsen. Den Bäumen sah man das raue Klima, in dem sie wuchsen, förmlich an. Wind und Wellen verlangten ihnen alles ab. Ihre Stämme und Äste waren gezeichnet von Stürmen und Hochwassern.

Nach ein paar Metern im Wald tat sich uns bereits das reinste Bärlauch-Eldorado auf. Es war fast unmöglich, einen Fuß vor den anderen zu setzen, ohne auf die intensiv duftenden Pflanzen zu treten. Was für eine Fülle!

Leif ging zielstrebig auf einen alten Baum zu, der auf einer kleinen Lichtung stand. Er legte sich in das halbhohe Gras zu den Füßen des Riesen und schaute am Stamm nach oben.

Ich legte mich neben ihn und ließ meinen Blick ebenfalls den mächtigen Stamm entlang Richtung Krone wandern. Auf halber Strecke blieb mein Blick am Stamm hängen, wo ein großes rundes Loch zu erkennen war. Die Nisthöhle eines Spechts.

„Ein Specht war in meinem Leben schon einmal genauso wegweisend wie der Langleinen-Korken", begann Leif mit seiner Geschichte und öffnete erneut sein spirituelles Nähkästchen, ohne den Blick vom Stamm zu wenden.

Ich blieb auf dem Rücken liegen, verschränkte die Arme hinter dem Kopf, schloss die Augen und hörte zu.

„Es war noch vor der Angst, die Familie könnte bei trocken Brot und Wasser darben", ordnete Leif seine Geschichte chronologisch ein. „Ich hatte mich entschlossen, neben meinen Tagesguidings für Angler auch Wochenseminare anzubieten, und niemanden schien dieses Angebot zu interessieren. Ich war zwar zutiefst überzeugt von der Idee … na ja, zumindest im ersten Jahr. Dann schlichen sich langsam erste Zweifel an dem Vorhaben ein", schmunzelte er.

„Ab und zu meldete sich zwar mal ein Mann an, aber es wollte nicht so richtig Schwung in die Seminaridee kommen und mein Verstand brachte täglich alles aufs Tablett, um diese Vision zu torpedieren: ‚Das wird sowieso nichts, sonst hätten sich ja schon mehr Leute angemeldet!', ‚Die Idee ist alles andere als zeitgemäß!', ‚Wer soll sich zu so einem Angebot schon anmelden?', ‚Die Anreise zur Insel ist viel zu lang!' und ‚Solche Angebote gibt es doch schon zuhauf!' Das waren die Staudammsteine, mit denen der Verstand versuchte, meinen Herzensfluss einzudämmen. Phasenweise wuchsen tatsächlich mehr und mehr die Zweifel in mir, ob ich auf dem richtigen Weg war, auch wenn mein Herz die Idee nach wie vor wunderbar fand! Bei jedem Gedanken an die Idee hüpfte es. In diesen Tagen des Zweifelns rieb sich mein Verstand die Hände und bestellte schon mal Staudammsteine nach, um die Geschichte ein für alle Mal einzubetonieren."

Leif lachte kurz auf und fuhr dann mit seiner Geschichte fort. „Eines Tages ging ich an die Südküste und wollte Meerforellen angeln. Das Wetter war perfekt: Ein leichter auflandiger Wind, angetrübtes Wasser und überall wimmelte es von Nahrungstierchen. Tangläufer, Garnelen, kleine Stichlinge – also raus da und Fische fangen!", beschrieb Leif die idealen Rahmenbedingungen an diesem Tag.

„Aber ich war so mit mir selbst und dem Thema beschäftigt, dass ich zwar die guten Bedingungen wahrnahm, aber mit meinen Gedanken immer wieder abschweifte. Es war ein Ringen zwischen Herz und Verstand. Wenn ich meinem Herzen nachspürte, war ich nach wie vor glücklich und überzeugt von der Idee, und wenn ich auf meinen Verstand hörte, überkam mich schlechte Laune. Ich wollte nicht zweifeln, aber ich tat es! Schlussendlich bin ich über einen der vielen Steine im Wasser gestolpert und habe ein richtiges Vollbad genommen!"

„Du bist gestolpert, weil du so sehr mit dir selbst beschäftigt warst?“ Jetzt musste ich anfangen zu lachen.

„Ja, so war das!“ Leif begann ebenfalls zu lachen und teilte die Steine am Strand gedanklich in zwei unterschiedliche Kategorien ein: „Am Meer gibt es *Stehsteine* und es gibt *Stolpersteine*!“, fand er eine klare Unterteilung. „Und an schlechten Tagen lernt man die Stolpersteine kennen!“

Er lachte eine Weile in sich hinein und kam dann zurück zu seiner Geschichte. „Es war zum Glück ein warmer Frühlingstag und so hängte ich einen Großteil der Sachen zum Trocknen in eine Strandkiefer und machte mich daran, ein Lagerfeuer aufzuschichten und es anzuzünden. Da saß ich nun, halb nackt, nass und total genervt, und wollte endlich eine Antwort auf die Frage haben, ob ich meinem Herzenswissen wirklich trauen konnte oder nicht.“

„Nach einiger Zeit am Feuer spürte ich, wie ich innerlich ruhiger wurde und in meinem Kopf nicht länger ein wildes Gedankenmeer tobte, sondern ich mehr und mehr dort ankam, wo ich mich tatsächlich befand, am Lagerfeuer. Das Leben war da. Und es war jetzt. Ich schloss meine Augen, atmete ein paarmal tief ein und aus, faltete meine Hände und begann mit Gott zu sprechen. Ich bat ihn um eine Antwort auf die Frage, um die sich jeden Tag mein Herz und mein Verstand stritten: Soll ich die Seminaridee weiterverfolgen oder soll ich sie metertief unter dem Strandsand begraben?“

Gespannt wartete ich ab, wie es weiterging.

„Ich hatte das Gebet vielleicht ein paar Sekunden beendet, da hörte ich drei Strandkiefern weiter einen Specht munter auf einem Stamm herumhacken: *Toc… toc… toc… toc… toc… toc*“, ahmte Leif die schnellen Kopfschläge mit seinem Zeigefinger auf einem Ast nach. „*Weitermachen!*, war das Erste, was mir beim Gehämmer des Spechtes in den Sinn kam. *Weitermachen!*“, wiederholte er noch einmal.

„Einfach beharrlich weiterpicken, und irgendwann kommt die Belohnung!“, führte er seine Gedanken weiter aus. „Ich hatte meine Antwort erhalten und ich hielt an meinem Herzenswissen und der Seminaridee fest! Als irgendwann später die nächste Krise kam, half mir dann der Korken“, erinnerte Leif an die Geschichte vom Vormittag.

„Das ist wirklich ein beeindruckendes Beispiel für das, was du über die Kunst gesagt hast, die Antwort auf ein Gebet überhaupt zu hören“, kam mir unser gestriges Gespräch noch einmal in den Sinn.

„Wer eine Frage stellt, der muss auch bereit sein, die Antwort zu hören!“ Leif hätte den Specht im wahrsten Sinne des Wortes ja auch überhören oder sein Auftauchen nicht in einen Zusammenhang mit seiner Frage bringen können… „Und die Geschichte verdeutlicht auch, was für eine persönliche Sache unsere innere Reise ist. Hätte ich da am Lagerfeuer gesessen, wäre mir der Specht vielleicht auch aufgefallen, aber ich hätte in seinem Tun keine Botschaft für mich entdeckt.“

„Ja, so ist es“, stimmte Leif mir zu. „Es waren Botschaften, die für mich bestimmt waren, weil sie zu meiner inneren Reise gehörten und Gott an dem Punkt da war, an dem ich ihn um eine Antwort gebeten habe. Genauso, wie ich den Korken hätte übersehen können, hätte ich auch den Specht überhören können und mein Leben wäre in völlig anderen Bahnen verlaufen.“

„Dann ist es also so, dass alles, was mir auf meiner äußeren Reise begegnet, ein Wegweiser, ein Zeichen, ein Botschafter für meine innere Reise sein kann? Jeder Mensch, jedes Tier, jede Pflanze, jede Begegnung, jede Sache – alles kann eine Antwort auf meine spirituellen Fragen sein?“ Da öffnete sich gerade ein ganz neues Universum für mich.

„Ja, alles kann ein Spiegel oder eine Antwort auf deine Fragen sein – aber nur dann, wenn du bereits eine Frage ehrlich in deinem

Herzen bewegst und wirklich offen bist für die Antworten, die sich dir offenbaren", fasste Leif zusammen. „Seit das Gebet ein fester Bestandteil meiner inneren Reise geworden ist, erlebe ich die tollsten Dinge! Gott ist ein wirklich kreativer Typ, und ein Leben ohne ihn wäre nicht nur viel unvollständiger und orientierungsloser, sondern es wäre auch bedeutend langweiliger!", lachte Leif, der immer noch auf dem Rücken lag und am Baum hochschaute.

≈

Was für Leif der Specht war, war für mich die Eiderente. Als ich sie am zweiten Tag bei ihrer Muschelsuche beobachtet hatte, war mir sofort in den Sinn gekommen, wie wundervoll es ist, Schätze, die im Verborgenen liegen, ans Licht zu holen und aus ihnen Kraft zu schöpfen. Die Ente machte mir Mut, nach meinen inneren Schätzen zu suchen.

„Ich glaube, Gott hat Noah auch deshalb gebeten, die Tiere auf der Arche mitzunehmen, damit sie als Botschafter den neuen Bund Gottes mit den Menschen immer wieder verkünden können", sagte Leif. „Der Bund mit Gott ist die Quelle unserer inneren und äußeren Reise." Noch immer schaute er verträumt auf den Baum. „Noah war auf jeden Fall kein Naturzeichenlegastheniker." Leif drehte sich auf den Bauch und kroch langsam auf allen vieren über die Lichtung.

„Was machst du da?", fragte ich amüsiert.

„Ich gehe auf Bärlauch-Jagd!" Leif fing an zu schnüffeln wie ein Bär, der die Duftspur von einem Beutetier in die Nase bekommen hat.

Ich schlich mit.

„Heute ernten wir etwas mehr Bärlauch, denn ich habe alles dabei, um ein Bärlauchpesto anzusetzen, dazu gegrillte Meerforelle … ein traumhaftes Essen, oder?“, schwelgte Leif bereits in unseren zu erwartenden Gaumenfreuden.

„Wie geht das mit dem Pesto?“, fragte ich.

„Wir hacken den frisch gepflückten Bärlauch so klein, wie es geht. Dann geben wir Olivenöl und gehackte Walnusskerne dazu. Am Ende reiben wir ganz viel Parmesan unter die Mischung, etwas Salz dazu, fertig ist das Bärlauchpesto!“

„Lecker!“ Ich konnte mir den Geschmack in Gedanken schon auf der Zunge zergehen lassen.

„Wir nehmen die jungen, frisch getriebenen Blätter!“, schränkte Leif die Auswahl dann doch etwas ein. „Sie sind intensiver im Geschmack!“

Mit zwei Händen voll frisch gepflücktem Bärlauch kehrten wir zum Strand zurück. Es war spät am Nachmittag und die Sonne brach immer öfter durch die lockeren Wolkenfelder. Das Wasser stieg weiter und der Blasentang, der tagelang kopfüber in der Luft gehangen hatte, war jetzt wieder zurück in seinem Element.

Das Essen schmeckte fantastisch und ich empfand tiefe Dankbarkeit.

≈

Als die ersten Kormorane zu ihren Schlafbäumen zurückkehrten, verließen wir den Strand.

Im Ferienhaus nahm ich mir die Zeit für eine ganz besondere Rückschau. In mein Tagebuch zeichnete ich über eine Doppelseite eine gerade Linie und markierte in gleichen Abständen für jedes meiner Lebensjahre einen kurzen senkrechten Strich. Das Lineal meines Lebens hatte 44 senkrechte Striche. Dann reiste ich mit einem dünnen roten Filzstift noch einmal chronologisch durch mein Leben.

In Zeiten, in denen ich glücklich und erfüllt war, sollte der Stift über der Linie laufen. In Zeiten, in denen ich unglücklich und unzufrieden war, unter der Linie. Die kleine Zeitreise mit dem Filzstift offenbarte auf ganz einfache Art und Weise, wann ich glücklich war und wann nicht.

Bevor ich einschlief, faltete ich meine Hände und sprach das dritte Gebet in meinem Leben. Es war ein Dankgebet. Ich dankte Gott für meine Familie, für meine Gesundheit, für den alten Mann, für das Meer, für die Eiderente, für den Specht und dafür, dass ich den Mut gehabt hatte, mir diese balsamische Zeit zu nehmen.

Ich sprach das Gebet aus tiefstem Herzen.

Der sechste Tag:

Mit dem Strom

*Gott, gib mir die Gelassenheit, Dinge hinzunehmen,
die ich nicht ändern kann, den Mut, Dinge zu ändern,
die ich ändern kann, und die Weisheit,
das eine vom anderen zu unterscheiden.*

Reinhold Niebuhr zugeschrieben

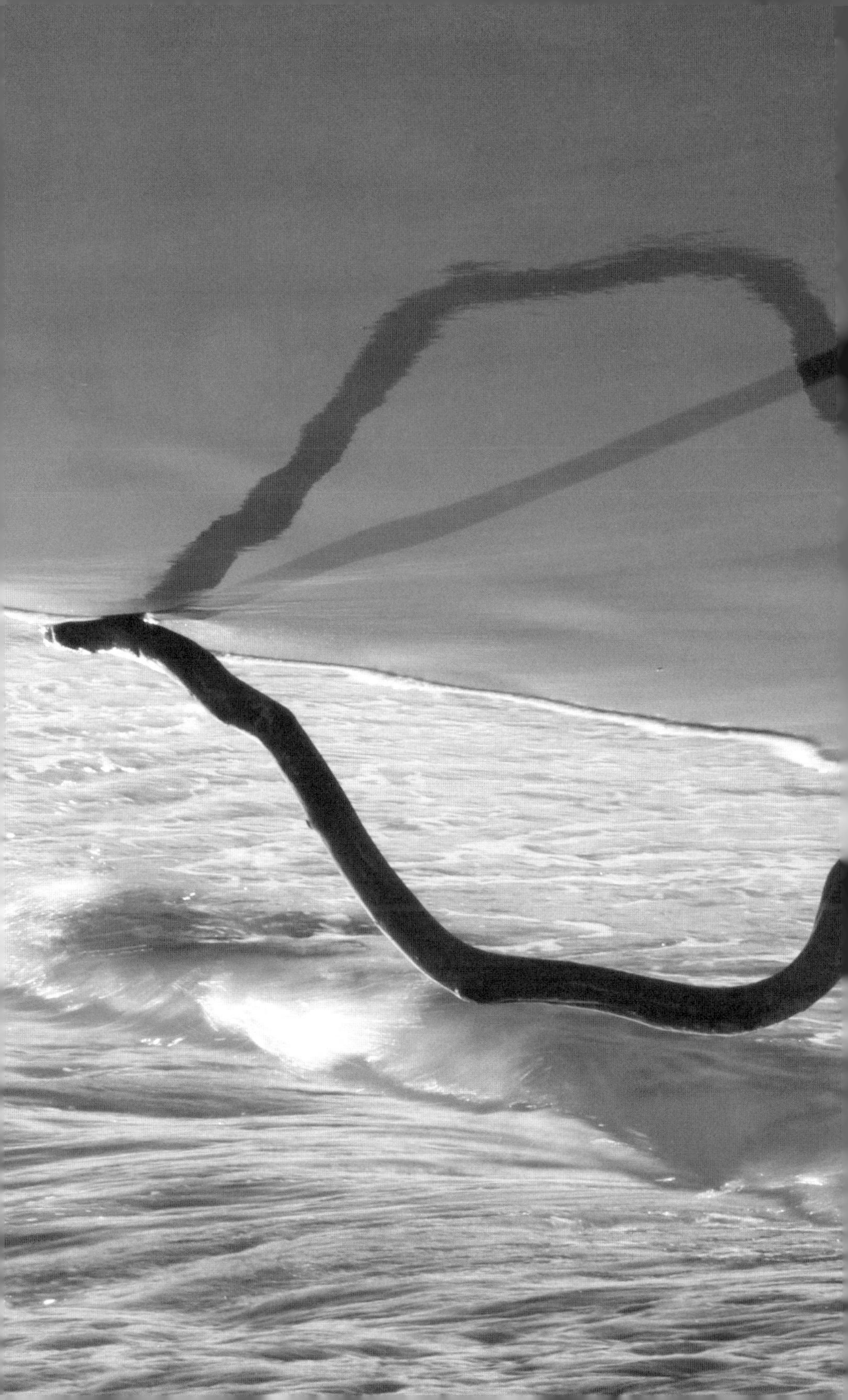

Der letzte Tag meiner Reise war gekommen, und als wir die Küstenstraße hinauffuhren, machte sich Wehmut in mir breit. So ein Abschied ist wie ein kleiner Übergang in den Nachthimmel, es fühlte sich wirklich ein wenig an wie Sterben.

Und was für eine Reise galt, galt auch für das Leben. Trotz des Abschiedsschmerzes ist es leichter, loszulassen und den Übergang in die alltägliche Welt zu vollbringen, wenn man in sich das Gefühl trägt, die Reise aus tiefstem Herzen erlebt zu haben. Ein Gefühl, das einem niemand nehmen kann. Ein Gefühl, das auch durch den Abschiedsschmerz trägt.

Der letzte Tag war der erste, an dem kein Segelboot in der Bucht zu sehen war. Am Horizont fuhren zwei riesige Containerschiffe Richtung Norden. Ein leichter auflandiger Wind ließ die Wellen sanft auf den Strand rollen und alles sah ganz anders aus als am Anfang der Woche, als der Sturm das Wasser aus der Bucht vertrieben hatte.

Es war viel schöner, wenn das Wasser da war. Wir legten unsere Rucksäcke ab und tranken unseren Morgenkaffee.

In den sich immer wiederholenden Tagesabläufen lag etwas sehr Heilsames. Meine sonst so komplexe und unüberschaubare Welt wurde klein, so klein, dass sie mich manchmal an die Zeiten erinnerte, in denen ich mit zwei Zehnpfennigstücken und einem Pflaster auf dem rechten Knie mit meinem Roller zum Kaugummiautomaten gefahren war. Es war eine kleine heile Welt, in der Leif und ich unterwegs waren. Eine Welt, in der es viel leichter fiel, den Fokus auch auf die innere Reise zu richten.

≈

Der Steinkreis lag noch genauso da, wie Leif ihn am zweiten Tag in den Strandsand gelegt hatte. Und mir kam noch einmal der Gedanke in den Sinn, dass die größte Mangelerscheinung der westlichen Zivilgesellschaften die Abbrüche der spirituellen Reisen sind.

„Du kannst auch die Reise der gesamten Menschheit auf einen Punkt im Rad festlegen", hatte Leif noch hinzugefügt und mich gefragt: „Was glaubst du, wo steht die Menschheit gerade in dem Rad?"

Und ich antwortete ohne langes Überlegen: „In der Jugend!"

„Das glaube ich auch!", nickte der alte Mann.

Ich nahm meine Angelrute und freute mich darauf, noch einmal im Meer stehen zu können und zu angeln. Jetzt, wo das Wasser zurückgekommen war, wollte ich es gern an der Stelle versuchen, wo wir vor zwei Tagen den Dorsch gefangen hatten.

≈

Die Sandbänke lagen jetzt auch komplett unter Wasser und mehr noch, zwischen den Sandbänken verlief eine starke Strömung, weil sich das auflaufende Wasser staute und nur durch die enge Spülrinne wieder in das offene Meer zurückfließen konnte. Wenn man genau hinsah, konnte man die Rinne erkennen. Auf den flachen Sandbänken brachen die auflaufenden Wellen, aber über die Rinne liefen sie einfach hinweg.

Als ich gerade meine Angel auswerfen wollte, sah ich, wie ein langer Treibholzstock von der Strömung in der Rinne hinaus aufs Meer gezogen wurde, obwohl doch ein auflandiger Wind wehte. Die Strömung war mächtig.

Ich drehte meine Angel ein und watete zum Strand, um nach weiteren Treibholzstöcken zu suchen. Ich wollte sie in die Strömung werfen und zusehen, wie sie ebenfalls hinaus aufs offene Meer gezogen wurden.

Mich faszinierte dieses Spielchen. Es erinnerte mich an einen Urlaub an der Nordseeküste, wo viele solcher Strömungsrinnen zwischen den vorgelagerten Sandbänken zu finden waren. Wie Kanäle durchschnitten sie die Sandbänke und führten auf direktem Weg vom tiefen Wasser hinter den Sandbänken bis unmittelbar an den Strand.

Diese Rinnen waren die besten Angelplätze. Besonders Plattfische wie Schollen und Flundern nutzten sie als Fressplätze, weil sich die Nahrung in ihnen konzentrierte. „Hestehuller“ nannten die Einheimischen diese Rinnen, was übersetzt so viel heißt wie „Pferdelöcher“. Links und rechts der Rinnen konnte ein Mensch im knöcheltiefen Wasser laufen, in der Rinne selbst konnte gerade einmal ein Pferd den Kopf noch über Wasser und der starken Strömung standhalten. Der Begriff stammte wohl noch aus der Zeit, als die Küstenbevölkerung regelmäßig mit Pferdewagen hinaus ins Watt fuhr, um Strandgut zu bergen. Bis heute geraten jedes Jahr Menschen in Lebensgefahr, weil sie in diese Rinnen hineingeraten und versuchen, gegen die Strömung wieder an Land zu schwimmen, statt sich der Strömung hinzugeben und sich von ihr hinaustragen zu lassen, bis sie an Kraft verliert, um dann über die flacheren Sandbänke wieder an Land zu kommen. Es sind meist keine fünfzig Meter, die man sich hingeben muss.

Statt zu angeln, warf ich Stöcke ins Wasser und schaute ihnen auf ihrer Reise auf das offene Meer zu. Wenn die Strömung die Stöcke erfasste, drehten sie sich um die eigene Achse und nahmen gleichzeitig rasant an Fahrt auf. Ich fühlte mich in meine Kindheit zurückversetzt und hatte mindestens so viel Spaß an der Sache wie damals!

≈

Als ich zum zweiten Mal zurück an den Strand ging, um nach neuen Stöcken zu suchen, sah ich, wie Leif mir entgegenkam.

„Was machst du denn hier?“, fragte er mit einem Schmunzeln im Gesicht. „Willst du die Fische erschlagen?“

„Nee! Ich werfe Stöcke in die Strömungsrinne und schaue ihnen beim Hinaustreiben zu!“, erklärte ich, was Leif ohnehin längst gesehen hatte.

„Es gibt etwa zehn solcher Rinnen vor unserer Insel, und je mehr Wasser vom Wind auf den Strand gedrückt wird, desto stärker ist die ablaufende Strömung“, erklärte Leif.

Mich erinnerten die treibenden Stöcke an das Angeln am Vortag, als mir plötzlich klar wurde, dass es von der Laune eines Fischs abhing, ob es geschmierte Brote oder gedünstete Fischfilets gibt. Der Stock ist dem Wasser ausgeliefert. Ich kann meine äußere Lebensreise aktiv gestalten, selbst ein Stück weit Schöpfer sein, aber ich bin auf dieser Reise immer auch ein Darsteller in den Geschehnissen um mich herum. Vieles liegt nicht in meiner Macht. Ich kann mich zwar hier ins Meer stellen und die Angel auswerfen, aber ob ein Fisch beißt oder nicht, das liegt nicht an mir. Der Wind, der Wasserstand, die Wassertemperatur – das alles liegt nicht in meiner Macht, genauso wenig wie die Sandablagerungen vor der Küste in den Händen der Tourismusdirektoren. Und genau diese Tatsache war es, die ich am Vorabend während meines Dankgebetes hatte fühlen können. Dankbarkeit für die Dinge im Leben, die man nicht selbst in der Hand hat, ist besonders tief und berührend. Und das ist in einer modernen, von Technik und Medien beherrschten Welt, in der der Mensch glaubt, alles beherrschen zu können, eine wohltuende Rückbesinnung darauf, dass unser Menschsein in weit größere Zusammenhänge eingebettet ist, die wir nur auf unserer inneren Reise erfahren können.

Ich erklärte Leif meine Erkenntnisse, und er nickte. „Darum ist unsere innere Reise das größte Geschenk in unserem Leben: Sie verbindet uns mit Gott und mit uns selbst. Auf der inneren Reise sind wir in viel stärkerem Maße Schöpfer als auf unserer äußeren Reise. Denn mit unserem Denken, unseren Gefühlen und unserem spirituellen Wissen um einen Gott, der will, dass wir ein glückliches und erfülltes Leben führen, erleben wir noch mehr Gestaltungsraum und persönliche Freiheit als im Äußeren."

Ich warf immer noch Stöcke in die Strömungsrinne. Der Junge im Mann eben!

„Dieses Geschenk anzunehmen ist für Staudammbauer wahrscheinlich ziemlich schwer, oder?" Damit blickte ich fragend zu Leif.

„Wohl wahr. Staudammbauer haben es ohnehin schwer mit der Tatsache, dass sie auf der äußeren Reise nur ein bisschen Schöpfer und viel mehr Darsteller sind. Die Angst vor dem Leben hat sie zu Kontrollbeamten gemacht. Sie hängen fest an dem Gedanken, auf der äußeren Reise alles im Griff haben zu wollen, und sie machen sich ihr Darstellersein nicht gerne bewusst, weil es ihnen Angst macht. Murphy's Gesetz stammt aus dem Architekturstudium für Staudammbauer." Da war Leif sich ganz sicher.

Und wie so oft hatte er eine passende Geschichte parat: „Ich war mit zwei Anglern eine Woche lang zum Meerforellenangeln unterwegs. Wir angelten an der Südküste, und am Ende der Woche hatte jeder der Gäste eine Meerforelle gefangen. Der eine Angler war frustriert und ärgerlich, dass bei so viel Angelei am Ende nur ein Fisch heraussprang. Der andere Angler war glücklich mit seinem einen Fisch. Für ihn war es eine perfekte und aufregende Woche gewesen. Der Unterschied zwischen den beiden war die Tatsache, dass der Glückliche akzeptiert hatte, dass er auf der äußeren Reise Schöpfer und Darsteller ist. Der enttäuschte Mann hatte das vergessen. Mit hohen

Erwartungen war er in die Woche gegangen, und er glich alles, was er erlebte, an ebendiesen Erwartungen ab. An seiner Regieanweisung. Das ist das *abgleichende Prinzip*. Dahinter verbirgt sich der tiefe Wunsch nach totaler Kontrolle, und am Ende steht die bittere Enttäuschung, dass die Dinge nicht so gekommen sind, wie man es erwartet hatte. Der andere Mann wusste von Anfang an, dass er auf dieser Reise Schöpfer und Darsteller ist. Er konnte sich dem Leben und dem hingeben, was geschehen würde. Er war kein Kontrollbeamter, er war ein vertrauender Mann."

Während ich noch überlegte, ob ich wohl eher wie der erste oder der zweite Mann war, redete Leif schon weiter: „Beide Männer waren allerdings alleinige Gestalter ihrer inneren Reise. Sie waren die Schöpfer ihrer Einstellungen und Gefühle hinsichtlich der Ereignisse der Woche, und sie bestimmten die Bilanz, die sie aus der Woche zogen – ob sie erfüllt waren oder frustriert. Der glückliche Mann war dankbar für den Fisch, den er gefangen hatte, und er konnte die Schönheit dieser Woche auch in vielen anderen Dingen entdecken. Er konnte anerkennen, dass er auch ein Darsteller war. Er war dankbar für die Sonnenaufgänge am Meer. Für den frischen Wind, den er auf seiner Haut spüren konnte. Für die Seevögel, die ihn morgens am Meer begrüßten. Für die Steine, die den Stränden einen Teil ihres Charakters gaben und als Sitzgelegenheit dienten. Für die Sterne am Nachthimmel. Für das Licht und die Wärme der Sonne. Der Mann verspürte eine tiefe Dankbarkeit für sein Leben und die Dinge, die ihn umgaben. Im Dank offenbarte sich ihm die Fülle des Lebens. Der Mann lebte im Hier und Jetzt. Der andere Mann führte ein Leben der verpassten Chancen, ein Leben, in dem sich die Schönheit des Daseins in all ihren Facetten nicht mehr offenbarte. Ein enges, an Erwartungen gebundenes Staudammleben. Ein Leben voller Enttäuschungen", schloss Leif seine Geschichte.

„Aber irgendwo ist es doch auch ganz normal, dass ein Mann möglichst viele Fische fangen will", warf ich ein, denn ich konnte die Enttäuschung des Anglers durchaus verstehen.

„Wir müssen aber nun mal anerkennen, dass wir auf unserer äußeren Lebensreise nur teilweise die Regie führen. Dieses Darstellersein in Übereinstimmung mit unserer inneren Reise zu bringen, das ist unsere große Chance. Wenn wir akzeptieren, dass wir nicht alles auf der äußeren Reise bestimmen können, und stattdessen dankbar das annehmen, was das Leben uns schenkt – dann kommen unsere innere und unsere äußere Reise miteinander ins Gleichgewicht. Unser Herz hat nämlich gar nicht so große Schwierigkeiten damit, das zu lieben, was ist. Es folgt ganz gern dem annehmenden Prinzip, dem Sich-treiben-lassen durch das Leben, nur unser Verstand diskutiert mit der Strömung!" Leif lachte und warf den nächsten Stock in die Strömung.

„Unsere ganze Lebensreise ist ein Sich-Einlassen auf den ewigen Fluss des Lebens, und es gibt nur eine Richtung: vorwärts! Das annehmende Prinzip macht es dir erst möglich, dein Leben mit voller Hingabe und Gelassenheit zu leben, wo auch immer du dich gerade in dem ewigen Kreislauf des Lebens befindest."

Mir kam der Wahnsinn mit den immer häufiger werdenden Schönheits-OPs in den Sinn, dieses fieberhafte Streben nach Perfektion und ewiger Jugend in den Sinn. Das war der Gegenentwurf zum annehmenden Prinzip – der Versuch, den Fluss des Lebens aktiv ins Stocken zu bringen, statt sich ihm vertrauensvoll hinzugeben.

Und am Ende ist es wahrscheinlich so, dass man am Übergang zum Nachthimmel dann das berechtigte Gefühl hat, etwas verpasst zu haben. Nämlich ein Leben, in dem man die Gaben und Schätze, die jedes Alter in sich trägt, in Würde und Gelassenheit von innen nach außen gekehrt hat.

„Die Staudammbauer reduzieren ihre Lebensreise auf den Süden und stecken selbst noch im Osten fest", sagte Leif und ging zurück zum Strand.

≈

Ich hatte nun auch genug Stöcke geworfen und besann mich darauf, dass ich eigentlich angeln gehen wollte. Allerdings brauchte ich einen neuen Platz. Fische halten sich nämlich nicht gerne an Plätzen auf, an denen ihnen Stöcke um die Ohren fliegen. Also machte ich mich ein letztes Mal auf zu der tiefen Rinne in der Bucht. Auf zu der Ente, die so eine wundervolle Botschafterin für mich gewesen war und die trotz unserer Stöckeschmeißerei in der Bucht gelandet war und zielstrebig zu ihren Schätzen paddelte.

Durch die auflaufenden Wellen war es schwer auszumachen, ob sich Hornhechte in der Nähe befanden. Die Wasseroberfläche war viel zu unruhig, aber ich war guten Mutes!

Das Hinauswaten über die großen Steine wurde auch beim dritten Mal nicht leichter, aber es war viel vertrauter als am ersten Tag, und das gab mir eine große Portion Sicherheit.

Ich warf meine Küstenfliege hinaus in die auflaufenden Wellen und hatte einmal mehr das Gefühl, hier und jetzt genau da zu sein, wo ich sein wollte – kein Stein behinderte gerade meinen inneren Fluss. Ich war ein glücklicher Mann!

Schon beim zweiten Wurf schnappte ein Fisch kurz nach der Fliege, ließ sie aber schlauerweise wieder los. Als ich meine Montage herandrehte, konnte ich den Fisch erkennen: Ein großer Hornhecht schwamm bis vor meine Füße hinter der Fliege her.

Drei Würfe später war ein Fisch gehakt, und mit einem imposanten Sprung zeigte sich der Hornhecht zwischen den Wellen. Kurze Zeit später hielt ich den Fisch in meinen Händen.

Ich freute mich riesig über den Fang und über die Aussicht, an unserem Abschlusstag noch einmal frischen Fisch essen zu können. Wie alt die Ware in der Theke des Fischgeschäftes in unserer Kleinstadt war, wollte ich aus gutem Grund nie so genau wissen …

≈

Nachdem ich den Fisch gereinigt und zum Trocknen auf ein Treibholzbrett gelegt hatte, ging ich in den Wald, um frischen Bärlauch zu pflücken.

Leif war am anderen Ende der Bucht verschwunden. Er sammelte den gestrandeten Plastikmüll auf. Das war unsere Abmachung: Einer bereitet das Essen vor und der andere kümmert sich um die Schönheit des Strandes.

Ich erntete weitaus mehr von dem frischen Kraut, als wir für die Zubereitung des Hornhechts brauchten, weil ich mir vorgenommen hatte, nach meiner Rückkehr zu Hause als Erstes ein Insel-Pesto anzusetzen. Ich fand es eine ganz wunderbare Vorstellung, dem Geschmack der Reise zu Hause nachzuspüren. Auch das war ein Stück gelebte Harmonie zwischen innen und außen.

Es war kein Platz für Gedanken wie: „Ach, den Bärlauch kannst du auch irgendwann mal woanders pflücken", oder: „ Bestimmt schmeckt das Pesto zu Hause nicht so gut wie hier am Strand!" Nein, es war richtig und stimmig, das zu tun, was mein Herz mir sagte, und das Herz kennt kein „später" oder „irgendwann einmal". Das Herz schlägt im Hier und Jetzt.

Leif und ich trafen uns an unserem Strandlager wieder und genossen den Ausklang des Tages und der Reise. Das Essen mit all seiner wilden und kräftigen Energie, die Wärme des Lagerfeuers und den traumhaften Blick zum Horizont. Die ersten Kormorane kehrten zu ihren Schlafbäumen zurück und jetzt, am letzten Tag, konnte ich ihre Botschaft mit dem Herzen sehen: „Gib deinem Leben einen Rhythmus!“

≈

Auf der Fahrt zurück zum Ferienhaus genossen wir einmal mehr das vertraute und tief verbindende Schweigen von zwei Männern, die sich auf ihrer äußeren und inneren Reise begegnet waren.

Alles war gut.

In der Nacht träumte ich von zwei Männern, die bis zu den Hüften im Meer standen und beide einen Plastikball unter Wasser drückten. Der eine der beiden hielt den Ball allerdings nur für kurze Zeit unter Wasser und ließ ihn dann springen. Er freute sich über den springenden Ball und jauchzte.

Der andere Mann dachte nicht daran, seinen Ball springen zu lassen. Er drückte den Ball unter Wasser und hielt ihn dort. Eine ganze Zeit lang reichte ihm eine Hand, um den an die Wasseroberfläche drängenden Ball unter Kontrolle zu halten, aber mit der Zeit wurde er müder und kraftloser, und irgendwann benötigte er beide Hände, um die Kontrolle über den Ball nicht zu verlieren

Der Ball wollte nach oben und der Mann verhinderte es mit seiner ganzen Kraft. Sein Gesicht begann, vor Anstrengung rot anzulaufen und auch seine Gesichtszüge verhärteten sich mehr und mehr. Sein Blick war nach unten gerichtet, dorthin, wo seine ausgestreckten Arme in das Wasser eintauchten.

Der andere Mann drückte den Ball nach wie vor nur kurz unter Wasser, ließ ihn dann springen und schaute ihm fröhlich hinterher.

Man kann die Dinge nur für eine bestimmte Zeit aufhalten …

Die Abreise

*Der letzte Schritt der Vernunft ist anzuerkennen,
dass es unendlich viele Dinge gibt,
die über sie hinausgehen.*

Blaise Pascal

Der Wecker klingelte um 5:00 Uhr früh. Bis zur Abfahrt der Fähre blieben mir noch drei Stunden Zeit, um in Ruhe zu frühstücken, meine Sachen zu packen und mich vom Meer zu verabschieden.

Die Vögel pfiffen bereits fröhliche Lieder und der Specht hämmerte im Takt dazu. Er war immer noch nicht fertig mit der Strandkiefer …

Ich setzte mich auf die Terrasse vor dem Ferienhaus und genoss meinen Morgenkaffee und den Blick aufs Meer. Der Übergang in die alltägliche Welt nahm einen ruhigen Anfang.

Als zwei Stunden später die Fähre den kleinen Hafen der Insel verließ, blickte ich voller Zufriedenheit zurück. Es war das tiefe Gefühl, alles richtig gemacht zu haben. Ein Gefühl, das sich nur einstellt, wenn die äußere und innere Reise im Leben stimmig sind.

Mit dem weiten Blick über das Meer kam mir meine Liste mit den Dingen, die ich unbedingt erleben und erreichen wollte, bevor ich sterbe, in den Sinn:

- Polarlichter sehen
- ein Buch mit eigenen Cartoons veröffentlichen
- New York, Hongkong und Rom besuchen
- Meerforellen angeln in Patagonien
- Französisch lernen
- eine Erzählung schreiben
- mit meiner Familie die Heimat meines Großvaters in Irland besuchen
- einen Marathon laufen
- einen Resthof kaufen und mit anderen Paaren dort gemeinsam friedlich alt werden
- mich gegen die Verschmutzung der Meere engagieren

- einen Esstisch aus Treibhölzern bauen
- einen Bernstein finden
- mit der transsibirischen Eisenbahn fahren
- Wolfsbarsche angeln in der Bretagne
- Yoga lernen
- mit dem Campingbus einmal um die Ostsee reisen
- ein Live-Konzert von Loreena McKennitt besuchen

Es gab noch so viel zu entdecken auf der inneren und äußeren Reise in meinem Leben. Das Leben ist ein wundervolles Geschenk!

Ich fuhr über das Meer. Das große Wasser, das alles speiste.
Die Regenbögen, die Quellen, die Bäche.
Und am Ende sich selbst.

Über den Autor
Udo Schroeter

1963 in Preetz/Holstein geboren, habe ich stets die Nähe zum Meer gesucht und gefunden. Schon in frühester Kindheit fing ich Fische mit der Angel und verbrachte jede freie Minute am Wasser. Nach dem Abitur und einem Studium an der evangelischen Fachschule in Rickling bestimmte das Wasser auch meine diakonische Arbeit: Kanutouren, Segelfreizeiten, Zeltfreizeiten für Jugendliche und Erwachsene nach Korsika, in die Bretagne, die Normandie, nach Südfrankreich, nach Schweden und nach Norwegen. Das Erleben von lebendiger Gemeinschaft war immer geknüpft an die Weite und den Naturraum Meer. Nach meiner diakonischen Arbeit gründete ich Mitte der 90er-Jahre auf der Insel Fehmarn mit meiner Frau den Verlag „Die Rapsbande".

Das Kindermagazin „Scholli" war eines unserer Herzensprojekte. Kindern Geschichten vom Meer zu erzählen war eine erfüllende und abenteuerliche Aufgabe. Daneben habe ich 18 Angelbücher publiziert.

Im Jahr 2006 sind wir mit unseren beiden Söhnen von der Insel Fehmarn auf die dänische Ostseeinsel Bornholm ausgewandert. Wir sind am Meer zu Hause. Ich liebe das nächtliche Huschen des Leuchtturmlichts über unser Grundstück genauso wie das ewige Anbranden der Wellen auf dem breiten Sandstrand. Das Meer inspiriert mich und meine Arbeit, egal, ob als Coach, Berater, Fotograf oder Autor. Das Meer stiftet und trägt meine Ideen von einem ursprünglichen und selbstbestimmten Leben in und mit der Natur.

www.udoschroeter.com

MIX
Papier aus verantwortungsvollen Quellen
FSC
www.fsc.org
FSC® C014496

Verlagsgruppe Random House FSC® N001967
Das für dieses Buch verwendete FSC®-Papier *UPM Fine*
liefert Kymene, Augsburg

2. Auflage 2015
Bestell-Nr. 835027
ISBN 978-3-86334-027-8

Textnachweise

[1] „Ich glaube, Mister Maury angelt", meinte Bob, „weil er das Verlangen hat, sein Leben ganz zu machen. Das Fliegenwerfen ist seine Kunst, sein Handwerk, sein Mittel, sein Ziel, seine Arbeit, sein Spiel. In seiner Welt gibt es keine künstlichen Grenzen. Er gleicht den Regenpfeifern, die an der Küste Nahrung suchen. Sie stochern, ruhen, waten, fliegen; sie brauchen keinen Urlaub, um sich zu regenerieren. Ihr Leben besteht aus einem einzigen Stück, und darum sind sie die ganze Zeit über voll lebendig."
Aus: „Am Strand von Miramar" von Richard Bode

[2] Lutherbibel, revidierter Text 1984, durchgesehene Ausgabe,

Umschlaggestaltung: Gute Botschafter GmbH, Haltern am See
Fotos Farbteil und Umschlagfoto: Udo Schroeter, Bornholm
Gestaltung: Stefan Wiesner
Satz: Uhl + Massopoust GmbH, Aalen
Druck: GGP Media GmbH, Pößneck

Printed in Germany